节能与新能源汽车技术路线图年度评估报告 2019

中国汽车工程学会 ◎ 编

TECHNOLOGY ROADMAP
FOR ENERGY SAVING AND
NEW ENERGY VEHICLES

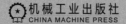

机械工业出版社
CHINA MACHINE PRESS

本书是《节能与新能源汽车技术路线图》的深化研究成果，旨在动态研究和评估2018—2019年以来节能与新能源汽车技术领域的技术进展，对年度标志性进展及距离路线图规划目标存在的挑战进行分析和总结。

全书构建了"综合评估报告全面洞察、专题评估报告深刻聚焦、技术数据透视未来趋势"三位一体的报告体系。其中，综合评估报告围绕产业趋势、技术进展、发展环境等情况，对节能汽车、纯电动和插电式混合动力汽车、燃料电池汽车、智能网联汽车、动力电池技术、汽车轻量化技术等关键领域的年度技术进展和目标实现程度进行了评估；专题评估报告聚焦节能汽车领域技术进展，开展了节能汽车专题评估。

本书适合汽车行业和相关行业从事技术研发、企业战略研究的人员，以及负责制定和实施汽车产业相关政策的各级政府人员阅读，也适合作为对汽车产业发展感兴趣的投融资人员等了解汽车技术发展方向的专业读物。

图书在版编目（CIP）数据

节能与新能源汽车技术路线图年度评估报告. 2019 / 中国汽车工程学会编. —2版. —北京：机械工业出版社，2020.4

ISBN 978-7-111-64833-8

Ⅰ. ①节… Ⅱ. ①中… Ⅲ. ①节能-新能源-汽车-产业发展-研究报告-中国-2019 Ⅳ. ①U469.7 ②F426.471

中国版本图书馆CIP数据核字（2020）第031290号

机械工业出版社（北京市百万庄大街22号　邮政编码100037）
策划编辑：赵海青　　　　责任编辑：赵海青
责任校对：张文贵　　　　责任印制：张　博
北京宝隆世纪印刷有限公司印刷

2020年4月第2版第1次印刷
184mm×260mm·8.5印张·1插页·187千字
标准书号：ISBN 978-7-111-64833-8
定价：99.00元

电话服务	网络服务
客服电话：010-88361066	机　工　官　网：www.cmpbook.com
010-88379833	机　工　官　博：weibo.com/cmp1952
010-68326294	金　书　网：www.golden-book.com
封底无防伪标均为盗版	机工教育服务网：www.cmpedu.com

《节能与新能源汽车技术路线图年度评估报告 2019》

编 委 会

编委会主任　李　骏

编委会副主任　张进华

编委会成员　李　骏　王秉刚　张进华　赵福全
　　　　　　　李开国　张　宁　吴志新　李克强
　　　　　　　肖成伟　黄学杰　汪正胜　侯福深
　　　　　　　公维洁

主　　编　张进华

副 主 编　侯福深　赵立金

执 笔 人　(以内容出现先后为序)
　　　　　　姜建娜　沈　斌　谢雨宏　刘国芳
　　　　　　颜雨薇　郑亚莉　王　睿　李　乔
　　　　　　张泽忠　程　蕊　杨　洁　王利刚
　　　　　　林瑞雪　曲　兴　梁　艺　郝佳佳
　　　　　　邢月菊

序言 PREFACE

在能源危机与气候变化双重挑战下，全球汽车产业正进入转型升级的重要时期。受国家制造强国建设战略咨询委员会与工业和信息化部委托，中国汽车工程学会组织了来自汽车、能源、材料、信息等相关产业的500多位行业专家，于2015—2016年历时一年共同研究编制了《节能与新能源汽车技术路线图》，并于2016年10月正式发布。《节能与新能源汽车技术路线图》发布以来，受到了国内外产业界的广泛关注，在支撑政府行业管理、引领产业技术创新以及引导社会各类资源向新能源汽车、智能网联汽车等热点领域集聚方面，发挥了非常重要的作用。

在新一轮科技革命和产业变革影响下，全球汽车产业正向着电动化、智能化、共享化方向发展。在这样一个变革浪潮下，为做好《节能与新能源汽车技术路线图》的深化研究和评估工作，中国汽车工程学会从2017年开始聚焦节能与新能源汽车技术，以《节能与新能源汽车技术路线图》为基准开展年度持续评估工作，并形成了系列年度评估报告，即《节能与新能源汽车技术路线图年度评估报告2017》《节能与新能源汽车技术路线图年度评估报告2018》《节能与新能源汽车技术路线图年度评估报告2019》。同时，2019年5月，中国汽车工程学会组织行业专家正式启动了《节能与新能源汽车技术路线图2.0》版本的修订工作，以期在日新月异的外部环境和新的发展形势下，实时了解新技术、新模式和新生态，把握发展趋势，预判技术发展方向，保证《节能与新能源汽车技术路线图》的科学性、时效性和引领性。

《节能与新能源汽车技术路线图年度评估报告2019》按照《节能与新能源汽车技术路线图》"1+7"的技术领域框架（即节能汽车、纯电动和插电式混合动力汽车、氢燃料电池汽车、智能网联汽车、动力电池、轻量化、汽车制造）开展年度进展评估，评估工作分为综合评估模块和专题评估模块。

综合评估模块主要围绕节能与新能源汽车发展的外部环境、产业趋势、技术进步等方面，对汽车技术主要领域进行评估，并对年度标志性进展及距离目标存在的挑战进行分析。在行业权威专家的指导下，基于对各领域的重点企业、科研机构和高校的实地调研，各研究小组分别完成了各细分领域的评估报告。从评估结果来看，2018—2019年我国节能汽车技术持续发展，并与电动化、智能化加速融合，在动力总成、混合动力、智能化节能技术方面实现了重点突破；纯电动和插电式混合动力汽车正向以市场为导向的产业体系加速推进，产业环境逐步完善，围绕整车续驶里程及低能耗等关键指标技术进一步提升；氢燃料电池汽车在功率密度、关键零部件和商业化运营方面取得显著进展；智能网联汽车基本形成C-V2X产业生态体系，环境感知、智能决策等关键技术和产品不断得到应用，标准和测试验证体系不断完善，成果显著。动力电池的关键技术指标进一步提升，关键材料的研发与应用、安全防控及热失控热扩散测试研究取得重要进展；汽车轻量化技术的进展主要体现在高强度钢新材料开发、热成形及焊接技术、混合纤维复合材料成型技术及整车轻量化评价等方面。

专题评估模块围绕智能网联汽车、新能源汽车、节能汽车三大主题，每年选择一个主题滚动开展研究。2017年聚焦智能网联汽车，2018年专注新能源汽车，2019年的主题则是节能汽车。专题评估的具体工作由中国汽车工程研究院股份有限公司和汽车轻量化技术创新战略联盟完成，编写组通过实地调研、访谈、研讨会及专家咨询等方式深度开展行业调研和技术交流，最终形成报告终稿。从评估结果看，2018—2019年乘用车节能技术主要围绕动力总成展开并取得显著成绩；混合动力技术的快速发展对传统汽车节能形成了重要支撑，并在乘用车和商用车方面均得到应用；汽车轻量化技术提升较快，在高强度钢开发与应用方面已基本达到国际同等水平，高性能铝合金和先进碳纤维复合材料产业化应用发展较快。

《节能与新能源汽车技术路线图年度评估报告2019》的出版，凝聚了诸多方面的心血和汗水。编写人员付出了辛勤劳动，重点汽车企业、机构和高校对调研和评估工作给予了宝贵支持，节能与新能源汽车技术路线图专家咨询委员会相关专家为本报告提出了大量的宝贵意见，电动汽车产业技术创新联盟、中国智能网联汽车产业创新联盟、汽车轻量化技术创新战略联盟、中国汽车工程研究院股份有限公司等提供了有力支持，编委会成员对本书提供了系统全面的指导。最后，感谢机械工业出版社为本书出版所做的大量工作，希望这份凝聚了各位专家学者心血和智慧的年度报告，能够为我国汽车产业技术快速发展做出更大贡献！

中国汽车工程学会常务副理事长兼秘书长

目录 CONTENTS

序言

第一部分 综合评估报告

一 导言 —— 2
(一) 评估范围和目的 —— 2
(二) 评估过程 —— 3

二 汽车产业技术发展方向 —— 3
(一) 国际汽车技术发展方向和动向 —— 3
(二)《路线图》确立的发展方向评估 —— 12

三 面向达成《路线图》目标的技术进展与挑战 —— 13
(一) 节能汽车 —— 13
(二) 纯电动和插电式混合动力汽车 —— 18
(三) 氢燃料电池汽车 —— 26
(四) 智能网联汽车 —— 35
(五) 动力电池 —— 50
(六) 轻量化 —— 60

四 战略支撑和保障措施评估 —— 64
(一) 新能源汽车 —— 64
(二) 智能网联汽车 —— 69

五　结论和建议　71

(一) 主要结论　71
(二) 相关建议　72

第二部分　专题评估报告

一　导言　76

(一) 评估范围和目的　76
(二) 评估过程　76

二　面向达成《路线图》目标的节能汽车技术进展与挑战　77

(一) 节能汽车整车技术进展　77
(二) 轻量化技术进展　95

三　战略支撑和保障措施评估　106

(一) 汽车产业技术发展宏观环境　106
(二) 支持政策效果　109
(三) 行业联合情况　111

四　结论和建议　112

(一) 主要结论　112
(二) 相关建议　113

附录

附录 A　数据透视趋势　116

附录 B　专业术语英文缩写中文对照表　127

第一部分
综合评估报告

PART 01

一、导言

（一）评估范围和目的

受国家制造强国建设战略咨询委员会和工业与信息化部委托，中国汽车工程学会组织了来自汽车、能源、材料、信息等相关产业的 500 多位行业专家，于 2015—2016 年历时一年共同研究编制了《节能与新能源汽车技术路线图》（简称"《路线图》"），并于 2016 年 10 月正式发布。《路线图》发布以来，受到了国内外产业界的广泛关注，在支撑政府行业管理、引领产业技术创新以及引导社会各类资源向新能源汽车、智能网联汽车等热点领域集聚发挥了非常重要的作用。当前，以互联网、人工智能为代表的新技术飞速发展，科技日新月异，并在加快与汽车产业的深度融合，汽车产业正在经历前所未有的变革和结构性的重塑。在这样一个变革浪潮下，参考国际领先经验，针对《路线图》开展动态评估工作，系统分析和总结年度标志性进展及距离目标存在的挑战，准确把握技术发展情况对保持《路线图》的科学性、时效性和引领性，对促进及引领产业发展都具有重要意义。

《路线图》年度评估工作分为综合评估和专题评估两部分，如图 1-1 所示。综合评估是总体上对节能与新能源汽车技术发展方向、七个关键细分领域在过去一年中取得的技术进展和达成技术路线图目标的挑战，以及政策措施支撑情况进行总结分析；专题评估则是按照整车技术类型每年分别针对智能网联汽车、新能源汽车、节能汽车等进行专题深入研究和评估。结合技术路线图的框架内容以及当前技术进展情况，本年度综合评估主要聚焦节能汽车、纯电动和插电式混合动力汽车、氢燃料电池汽车、智能网联汽车、汽车动力电池、汽车轻量化六个关键细分领域的专题技术路线图；专题评估则从 2016—2017 年的"智能网联汽车专题评估"、2018 年的"新能源汽车专题评估"过渡到 2019 年的"节能汽车专题评估"。

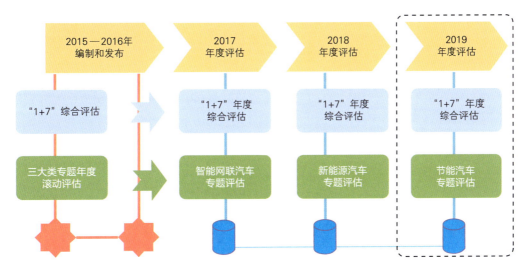

图 1-1 《路线图》年度评估框架

（二）评估过程

为保持《路线图》的时效性、引领性和前瞻性，并为我国汽车产业"十四五"科技战略规划及 2035 产业规划提供支撑，2019 年 5 月，中国汽车工程学会组织行业力量正式启动了《路线图》2.0 版本的修订工作。与《路线图》1.0 版本相比，为及时响应行业需求及专家建议，专题研究进一步扩充到了 9 个领域方向，分别是节能汽车、纯电动和插电式混合动力汽车、燃料电池汽车、智能网联汽车、汽车智能制造与关键装备技术、新能源汽车驱动系统、充电基础设施基础、动力电池技术和汽车轻量化技术。因此，2019 年度评估工作主要依托《路线图》2.0 版本修订下设的 9 个专题组取得的工作成果及内容，在评估过程中应用到的评估方法包括文献检索、问卷调查、实地调研和专家座谈咨询等。各专题组经过充分的调研、研讨及专家咨询等工作，最终遴选出各领域标志性的进展，并撰写了标志性进展评估报告；各专题组报告汇总成册后，中国汽车工程学会再次开展了两轮行业专家意见咨询工作，并于 2019 年 10 月底正式完成了本评估报告的撰写工作。

二 汽车产业技术发展方向

（一）国际汽车技术发展方向和动向

1. 传统燃油车在一定时期内仍是市场主力，具有较大节能减排潜力

当前，主要发达国家对传统燃油车平均油耗及排放提出了更高的要求，促使整车厂及零部件供应商进一步加大对以混合动力为代表的汽车节能技术的研发力度。

日本要求车企 2020 年将汽车平均油耗降到 4.9L/100km 以下（JC08 测试循环）。在乘用车方面，日本将进一步挖掘发动机潜力，持续提高热效率，重点研究稀薄燃烧、减少冷却损失和可变压缩比等技术（目前已实现 40% 热效率机型量产）；通过持续优化低摩擦及轻量化技术，提高变速器传动效率，自动变速器（AT）向多档化和混动化发展，无级变速器（CVT）技术不断发展。代表性企业为丰田汽车公司，2018 年推出了 TNGA 新动力总成，其油耗性能和动力性能均大幅改善。到 2021 年，中国、欧洲、日本三地合计将有 60% 以上的上市车辆搭载 TNGA 动力总成，仅此一项就可使 2021 年 CO_2 排放量比 2015 年减少 15% 以上。在商用车方面，载货汽车（卡车）重点通过增压中冷、高压共轨等技术提升节能效果，同时逐步发展混合动力车型；客车形成以混合动力、轻量化为主的节能路线。

美国要求从 2016 年 35.5mpg（约 6.63L/100km）开始，以每年约 5% 的幅度逐步提升燃油效率，至 2025 年达到 54.5mpg（约 4.3L/100km）。在乘用车方面，主推发动机增压小型化，重点研究减摩技术、喷油技术、增压技术、稀燃技术、配气技术和附件传动技术等；继续以自动变速器为发展主线，并逐渐由低档化向多档化发展，双离合变速器（DCT）和无级变速器（CVT）作为补充。在商用车方面，载货汽车将继续借助"超级卡车"二期项目，聚焦于先进发动机及传动系统匹配优化、整车空气动力学优化、轻量化、低滚阻轮胎等技术降低整车油耗；客车向低排放、高经济性方向发展，主要采用替代燃料、混合动力、高效的先进发动机技术、低风阻、低滚阻等技术。

欧盟要求从 2021 年开始新车平均 CO_2 排放不得高于 95g/km，换算成油耗约为 4L/100km，否则车企将面临巨额处罚，同时欧盟各国政府代表以及欧洲议会将 2030 年汽车平均 CO_2 排放目标设定为：2.5L/100km（油耗约为 59.4g/km，比 2021 年的 95g/km 减少 37.5%）。在乘用车方面，进一步研究直喷理论空燃比、稀薄燃烧、阿特金森/米勒循环、可变气门、停缸、冷却排气再循环（EGR）、变截面、电子增压等技术，实现"从燃烧系统到发动机本体"的全方位节能，重点研究自动变速器和无级变速器的混动化和节能新技术。此外，重点推广和应用 48V 轻混系统，从第一代 P0 并联构型过渡到第二代高压混动并联构型（P2/P3/P4），48V 系统应用案例如图 1-2 所示。在商用车方面，城市公交

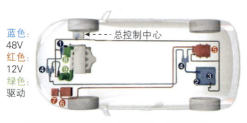

a）奔驰 48V 系统

3.0T/2.0T/1.5T/+ISG+48V BSG+电动增压器

1—逆变器　2—48V 锂离子电池组　3—电池控制单元
4—配电连接器　5—直流/直流转换器
6—传统 12V 电池组　7—12V 配电中心
8—电机/发电机　9—电子涡轮增压器

增压器集成电机　电子-VVT
电子水泵　48V 系统空调压缩机

1.6L 基础发动机减少 16% CO_2 排放

b）AVL 48V 系统

图 1-2　48V 系统应用案例

车逐步由采用天然气动力、混合动力等向纯电动车型过渡；公路客车主流技术以采用清洁柴油、天然气为主，未来部分向混合动力、先进发动机发展。

2. 全球汽车产业达成博鳌共识，2035年全球新能源汽车的市场份额达到50%

2019年7月1~3日，2019世界新能源汽车大会在海南博鳌举办。大会期间，全球汽车产业主要相关方共议汽车产业转型升级与可持续发展，与会各方达成重要共识。共识提出：

汽车产业的可持续发展，对保障全球能源安全、应对气候变化、改善生态环境有着重要作用，也将是促进未来全球经济持续增长的重要引擎。"电动化、智能化、共享化"已成为全球汽车产业转型升级的主要方向，并进入叠加融合、相互赋能、加速发展的新阶段，汽车能源动力、生产运行、消费使用将发生全面变革。在百年未遇的大变革下，汽车产业利益相关方需要开展更全面、更紧密的协同合作，加快新技术的市场导入与推广普及，力争到2035年全球新能源汽车的市场份额达到50%，全球汽车产业基本实现电动化转型。未来，各国政府应协同营造更适合"电动化、智能化、共享化"融合发展的政策环境；汽车产业界将持续加大新能源汽车的研发投入和市场推广。

3. 主要车企发布电动化新目标，电动化加速推进并进入激烈竞争阶段

欧洲、美国、日本、韩国等发达国家和地区的主要跨国车企纷纷发布电动化战略新目标，将推出众多电动化新车型，汽车电动化步伐加快，并将进入激烈竞争阶段。其中，大众汽车到2028年，将在全球范围内推出约70款全新电动车型，届时计划在全球交付2200万辆纯电动汽车，其中一半以上的电动汽车将来自中国并在2050年完全实现碳中和；到2019年年底，大众汽车（中国）将推出14款新能源汽车，包括宝来·纯电、高尔夫·纯电、朗逸·纯电、迈腾GTE和奥迪E-Tron等。戴姆勒－奔驰公司宣布，到2039年，该公司将停止销售传统内燃机乘用车，届时旗下所有乘用车将实现碳中和；2030年，电动车型（纯电动和插电式混合动力车型）将占其总销量一半以上；2022年，欧洲实现车辆生产的碳中和，以及Smart等全部产品线的电动化。此外，宝马、丰田、日产、通用、福特、沃尔沃等其他车企都发布了电动化的新目标及产品规划。全球主要跨国车企电动化战略目标见表1-1。

表1-1 全球主要跨国车企电动化战略目标

主要车企	电动化战略目标
大众	● 2028年，全球范围推出约70款全新电动车型，计划交付2200万辆纯电动汽车 ● 到2019年年底，大众汽车集团（中国）将推出14款新能源汽车
戴姆勒－奔驰	● 2039愿景，即到2039年将实现乘用车产品阵容碳中和 ● 2030年，电动车型（纯电动和插电式混合动力车型）将占其总销量一半以上 ● 2022年，欧洲实现车辆生产的碳中和，Smart等全部产品线的电动化

（续）

主要车企	电动化战略目标
宝马	● 2025 年，宝马全球 15%~25% 的汽车将实现电动化（插电式混合动力和纯电动汽车） ● 2023 年，宝马提供 25 款新能源汽车，其中 13 款纯电动车型
丰田	● "丰田环境挑战 2050" 战略：到 2050 年前，新车的 CO_2 排放量将比 2010 年降低 90% ● 2025 年，全球范围电动化汽车年销量将超过 550 万辆
日产	● 2022 年，每年销售 100 万辆电动车和 e-Power 车型，其中中国市场占总销量的 30%
本田	● 2030 年，全球销量三分之二为电动化车型，其中纯电动汽车和燃料电池汽车占 15%，混合动力和插电式混合动力汽车占 50%
现代	● 2025 年，推出 31 款新能源车型，其中 PHEV 车型 6 款，EV 车型 23 款，FCV 车型 2 款
通用	● 2023 年前，全球推出 20 余款纯电动车型 ● 2020 年前，中国市场推出 10 款新能源车；2025 年，别克、雪佛兰和凯迪拉克三大品牌在华几乎所有车型都将实现不同程度的电气化
福特	● 2022 年前，推出 40 款电动车产品，其中 16 款纯电动汽车

4. 电动汽车专有平台化成为主流方向，平台合作共享进一步加强

平台化已成为电动汽车生产制造的主流技术方向，通过平台化可有效降低开发成本、丰富产品线、缩短研发周期、减少部件种类并进行规模化生产。大众汽车前期电动汽车产品主要基于 MQB 燃油车平台进行改进，包括 e-Golf、e-Up 等，后期将切换到 MEB 电动化专用平台，并覆盖 ID. 家族、斯柯达、奥迪等系列产品。大众汽车旗下保时捷还将打造 PPE 中高端电动汽车平台。现代汽车推出了适合于中小型 SUV 的 E-GMP 电动化平台，预计 2020 年研发完成。戴姆勒 - 奔驰公司发布奔驰 MEA 平台，EQ 系列车型将采用该平台。广汽 GEP 纯电动平台已迭代至第二代，比亚迪汽车公司打造全新 e 电动化平台。另外，平台合作研发及共享可有效减少研发费用、降低成本，成为汽车电动化合作新趋势。大众汽车与福特汽车公司共享 MEB 平台；丰田汽车公司与马自达、电装成立新公司 EVC. A. Spirit 株式会社，可覆盖多个细分领域及车型的 EV 基本构造技术开展合作研发；吉利汽车公司与沃尔沃汽车公司共同开发 PMA 纯电动平台；比亚迪汽车公司宣布开放 e 电动化平台。各公司电动平台类型及未来发展趋势如图 1-3 所示。

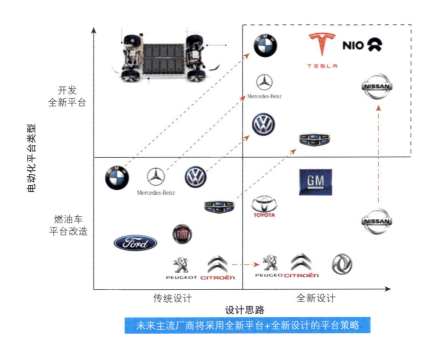

图 1-3　各公司电动平台类型及未来发展趋势

5. 氢燃料电池汽车定位逐步清晰，氢能基础设施面临巨大挑战

氢能是多能源传输及融合交互的纽带，是未来清洁低碳能源系统的核心之一。欧美日等主要国家和地区纷纷将氢能和燃料电池技术作为能源技术革命的重要方向和未来能源战略的重要组成部分。氢燃料电池汽车适用于快速增长的城市群之间的远程公交、快速物流及中重型载货汽车等市场，能够实现车辆使用阶段"零排放"、全生命周期"低排放"，其能源获取来源广（图 1-4）且高效利用，具有续驶里程长、燃料加注时间短的优势，

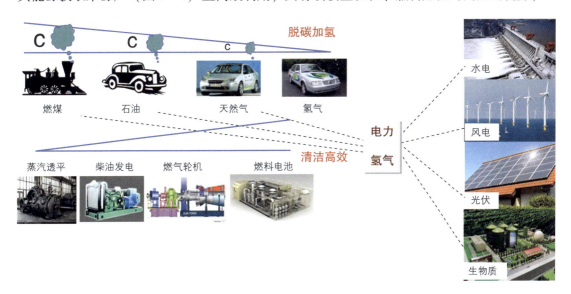

图 1-4　电力和氢气推进载体能源来源多样化

在车辆适用类型、应用领域等方面与纯电动汽车有较强的互补性。具体而言，在市场上，氢燃料电池汽车和纯电动汽车各有定位，并行而互不替代；在研发上，两者各有特点，互补而不重复；在战略上，两者均为运行零排放。在今后较长一段时期内，两者将共同发展、长期并存，共同应对大气污染和气候变化，并逐步形成清洁交通运输全覆盖。

从全球来看，氢燃料电池汽车累计销量已超过1.5万辆，已经建成运营的加氢站近400座，国外以丰田、本田、现代乘用车为主，我国以商用车（公交车和物流车）为主。截至目前，我国氢燃料电池汽车累计产量已达5000辆，以客车和专用车为主，主要在北京、上海、广东等地区运行；建成加氢站24座，在建设的加氢站有20多座。当前，氢燃料电池汽车商业化发展仍面临成本、氢能供给等诸多挑战。具体来说，一是目前氢燃料电池乘用车售价在50万元以上，氢燃料电池商用车售价在200万元以上，远达不到商业化发展条件，其发展瓶颈主要在于燃料电池电堆材料、燃料电池系统部件仍较贵；二是要满足氢燃料电池汽车低成本、便利的使用需求，还需建设数量庞大的氢基础设施，并实现低成本供氢，其发展瓶颈主要在于加氢站建设、运营以及氢气储运成本高。

6. 智能网联汽车技术研发加速推进，产业方向及技术路线逐步清晰

智能网联汽车受到各国高度重视，是未来智慧交通、智慧城市的重要组成部分，同时，智能网联汽车也是众多重点领域协同创新、构建新型交通运输体系的重要载体，是先进人工智能技术最好的产业先行区和试验田。目前，智能网联汽车技术研发工作加快推进，高精度传感器、计算芯片、操作系统、高精度地图与定位等产品不断演进、快速迭代，技术架构及路线也逐步清晰，智能网联汽车信息物理系统架构如图1-5所示。

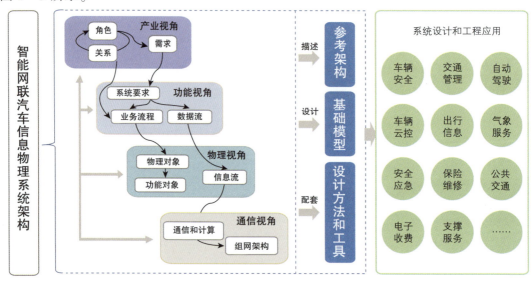

图1-5 智能网联汽车信息物理系统架构

总体来说，智能网联汽车在以下方面呈现出明显的发展趋势：

1）智能网联汽车从单车智能向车路协同发展。世界各国均在加速"人—车—路—云"全方位多方面的智能网联汽车技术路线规划。随着智能网联汽车系统复杂程度越来越高，仅凭单车智能方案难以在量产车上实现无人驾驶，通过采用车路协同，提供中远程感知，可以有效弥补单车智能存在能力盲区和感知不足，并加速自动驾驶的商业应用。

2）智能网联汽车将在特定场景先行落地运营，随着技术发展验证，逐步向开放、高速场景拓展。从技术层面看，限定区域运营场景由于路况简单、线路相对固定、车速相对较低、交通参与者较少等因素，更有利于自动驾驶实现。大范围不定线路运营场景、交通环境复杂场景和极端恶劣天气下运营场景，短时间内难以实现自动驾驶。因此，智能网联汽车会按照低速封闭场景→低速开放场景→高速开放场景的顺序实现商业化落地。尤其是在商用车方面，国内由于商用车客户群体的需求产业性，如煤矿企业、港口等，除在高速公路场景外，对封闭道路场景下的智能驾驶产品有强烈的价值驱动，将是我国在该领域的重要技术落地突破口。

3）自动驾驶对汽车电子电气架构提出了新的要求，新型总线技术、中央计算平台、域控制器将成为未来发展趋势。随着新型总线技术的发展，高带宽、高速率等特点对电子电气架构提出了更高的要求，集成化越来越高，高速率骨干网、域控制器或者中央计算单元的电子电气架构结构将越来越普遍。

4）各类传感器开始注重能耗比与车规级，多传感器融合技术将有效满足复杂环境下的有效感知。车载摄像头、毫米波雷达、激光雷达等传感器产品预期发展方向为高性能化、小型化、低成本化以及车规级。同时，由于应用场景需求，单一传感器无法满足所有功能，因此未来产品发展趋势必将是更集成化。采用多种环境感知技术融合方法，结合与路测设备的协同感知，弥补误差和提高精度，将更真实地反映出环境信息，提高驾驶安全。

5）智能网联汽车算力要求不断提高，"高性能芯片和高效率算法"将成为有效解决方案。智能网联汽车在感知、决策方面的高度复杂性，需要通过高算力来满足高级别自动驾驶的计算需求，但传统通用芯片追求高算力会导致芯片及计算平台功耗过大，无法符合量产车规级。通过硬件适配算法，将提高有效算力、降低功耗，可实现同等性能下计算更少、功耗更低、成本更小，成为有效解决方案。

6）多源融合定位技术将成为未来车辆位置感知解决方案。通过高精度定位、多源辅助定位及其他新型定位定姿技术的深度融合，未来可满足全自动级智能网联汽车的感知和认知需求。

7）智能网联汽车需建立从仿真测试→安全性测试→封闭/开放道路测试的科学测试流程。仿真测试技术在智能网联汽车研发过程中将发挥越来越重要的作用，并推动智能网联驾驶技术早日实现商业化。安全性测试的主要方向是功能性安全和信息安全，要从功能安全的高度进行更为全面的测试，并需要系统地开展信息安全测评工作。封闭/开放道路测试示范区的标准化、规范化是未来的发展趋势，需要建立统一的测试示范区测试场设计规范标准、监管运营规范标准和测试评价标准规范等。

7. 汽车、交通及城市融合协同发展，智能共享出行开始前瞻示范[一]

在战略层面，各国都高度重视汽车、交通、城市的协同发展，并出台了一系列政策推动这一融合，见表1-2。

表1-2 主要国家汽车、交通及城市融合发展战略举措

地区	主要战略举措		
	智慧城市	智能交通	智能网联汽车
美国	《智慧城市与社区联邦战略计划：共同探索创新》	《ITS战略计划2015—2019》	《关于自动化车辆政策的初步声明》
欧洲	《Horizon 2020 研究计划》	《欧盟未来交通研究与创新计划》	
日本	《X-Japan 系列战略》	《世界领先IT国家创造宣言》	
韩国	《U-City》	《21世纪ITS总计划》	
新加坡	"智慧国家2025"计划	《智能通行策略规划》	
中国	《关于印发促进智慧城市健康发展的指导意见的通知》	《推进智慧交通发展行动计划（2017—2020年）》	《智能汽车创新发展战略》（征求意见稿）

1）在产业层面，传统车企正竞相开展智能移动互联生态发展战略，将汽车产业的边界向外延展；互联网企业布局则正从智能服务、智能装备进一步扩展到智能交通系统和智慧城市。

2）在汽车企业方面，各大企业正逐渐认识到将智能网联汽车与智能交通系统相融合构建移动互联网生态的重要性。宝马汽车公司基于微软 Azure 打造开放式移动云，提供包含智能出行、智能停车、共享出行、智能物联、云端互联、智能终端等服务；丰田汽车公司也在开展 Mobility Teammate Concept 建设，计划通过"服务平台—数据中心—全球通信平台"的架构实现出行共享、汽车共享、汽车租赁、新型汽车保险等功能；现代汽车公司提出"移动出行愿景"概念，在智能住宅概念中将汽车无缝集成到用户的日常生活中，汽车在停车时与家庭生活空间融为一体，在用户需要移动出行时又成为移动出行生活空间，模糊了移动出行、用户生活和工作空间之间的界限。中国一汽集团提出了移动互联"挚途"概念，通过通信平台采集汽车、交通数据，通过大数据平台实现交通/车辆数据分析、汽车共享、UBI保险、车队管理等功能，并形成包括出租车服务、顺风车服务、租车服务、保险、共享汽车等内容的出行服务平台，如图1-6所示。

[一] 资料来源：《中国汽车产业发展报告2019》。

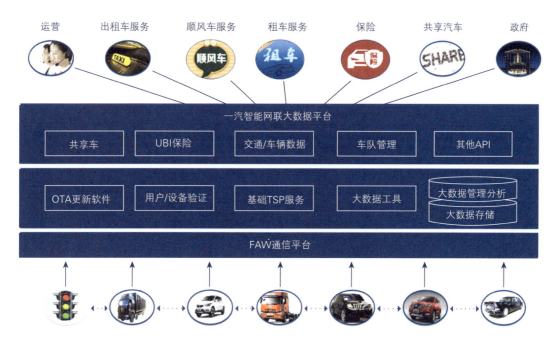

图 1-6　一汽移动互联"挚途"概念

3）在互联网企业方面，各大企业不约而同地选择了从位置服务到出行服务的发展路线。百度推出了面向汽车、交通、城市协同发展的 Baidu CarLife 概念，积极拓展出行服务相关业务，并基于地图导航、数据服务等方面优势，提供停车位查询、电子狗、实时路况、人机对话等服务。阿里开展的"城市大脑"工程力图通过探索车与城市的关系实现"人、车、路"的协调发展，发展路线从开展位置服务扩充到移动互联网领域。腾讯希望面向从造车到用车的整条价值链，通过出行服务满足未来城市中"人"的需求，构建从位置服务到位置大数据平台，再推广到硬件、软件、服务三位一体的生态（图1-7）。

图 1-7　腾讯出行生态计划

4）在示范层面，各国也在推动汽车、交通、城市协同发展的示范性探索，集成了智慧城市、智慧移动、智慧能源、智慧设施、智慧管理、智慧社区等内容，在交通管理、市民出行、物流运输、车用能源、交通规划、建筑设施、道路建设、个人信息、医疗教育等多个方面都有涉及和融合。在移动出行方面，大众、宝马、戴姆勒等国际汽车企业巨头纷纷加快导入共享出行业务；上汽、吉利、北汽等汽车企业加快在智能共享出行方面的布局，形成了数万辆共享汽车车队；一汽、东风、长安、阿里、腾讯等投资百亿元联合成立了出行公司，将重点发展新能源汽车共享出行；滴滴、美团、高德等一批互联网科技企业也在加快共享出行业务的发展步伐。截至目前，我国已有 110 余家网约车平台公司获得经营许可，分时租赁企业已超过 300 家。在智能共享出行方面，百度搭载 Apollo Valet Parking 自动驾驶共享汽车在重庆"共享汽车自动驾驶示范园区"开展了 1 个月定向试运营；比亚迪、百度、大道用车联合宣布，三方将利用各自优势进行探索合作智能汽车如何借助共享汽车运营平台实现落地运营；广汽、长安等也已开始探索在共享平台上试验性地提供基于高等级自动驾驶汽车的出行服务。

（二）《路线图》确立的发展方向评估

优化能源结构、降低大气污染、减少温室气体、保障交通安全、提高运输效率是全社会对汽车工业的需求，也是汽车产业创新与变革的主要方向。《路线图》确立的"低碳化、信息化、智能化"发展方向仍适用于对当前国际汽车技术发展方向的判断，总体来说，发展方向基本保持一致。

低碳化的具体体现是汽车能源动力系统的变革和轻量化新材料技术的加快应用。一方面，油耗及排放目标的不断加严促进传统动力系统向着以混合动力为代表的节能技术方向发展，部分车企甚至提出了全系混动化的推进目标；另一方面，纯电驱动系统开始大批量应用到各类车型中以实现对传统动力系统的替代，以电力和氢气为代表的能源载体推动汽车能源动力系统加速变革。同时，以高强度钢、铝镁合金以及碳纤维复合材料为代表的轻量化新材料不断在新车型上得以应用，加快推进整车低碳化步伐。信息化的具体体现是汽车开始实现与能源、交通的互动以及移动出行方式的变化。一方面，世界各国高度重视汽车、交通、城市的协同发展，以大数据、云计算、物联网、移动互联网为代表的数字化技术推动着"人、车、路、云"等多要素的融合；另一方面，顺应共享经济时代市场消费新需求，以智能共享出行为代表的新型移动出行方式快速发展，开始应用到人们日常生活中，并推动着价值链、产业链、创新链发生深刻变化。智能化的具体体现是智能网联汽车技术的快速发展和智能制造技术的不断应用。一方面，出行使用环节中具备 PA 级以下功能的智能化技术已实现了产品化应用，HA 级以上的高度自动驾驶关键技术不断取得突破；另一方面，研发生产环节中智能制造技术不断得以应用，整车生产及物流环节开始实现高度智能化。

三、面向达成《路线图》目标的技术进展与挑战

（一）节能汽车

1. 面向达成《路线图》目标的国内标志性进展

近年来，我国节能汽车技术持续发展，并与电气化、智能化加速融合。我国自主品牌汽车企业在整车及重点零部件方面投入了大量人力财力，在动力总成、混合动力、智能化节能技术等方面实现了重点突破。据统计，2018年企业乘用车新车平均油耗为5.8L/100km（含新能源乘用车），进一步趋近2020年乘用车平均油耗5L/100km的目标。

在混合动力方面，根据中国乘用车上保险数据统计，2018我国国内油电混合动力乘用车销量为17.4万辆。在动力总成方面，国内汽油机热效率逐步靠近40%。在电子电器方面，重点发展48V系统并提升效率，长安、吉利、上汽通用五菱、江淮等车企已上市搭载48V混动系统的车型。在智能化节能技术方面，北汽福田、东风商用车和中国重汽在天津完成列队行驶公开道路实验。表1-3为节能汽车主要指标实现程度及国际比较。

表1-3 节能汽车主要指标的目标实现程度及国际比较

领域	《路线图》2020年关键指标	最新国内进展	最新国际现状
油耗	乘用车油耗5L/100km	2018年企业乘用车新车平均油耗5.8L/100km（含新能源乘用车）	美国2018年乘用车绝大部分车型综合油耗高于5.7L/100km（2018年美国CAFÉ油耗水平）
混合动力	混合动力占乘用车销量8%，油耗4L/100km	2018年国内油电混合动力乘用车销量为17.4万辆[①]	2018年欧洲乘用车市场，混动车型占比3.1% 2018年北美乘用车市场，混动车型占比2.0% 日本混合动力技术全球领先，丰田普锐斯销量高居混动车型榜首

(续)

领域	《路线图》2020年关键指标	最新国内进展	最新国际现状
动力总成	乘用车汽油机热效率达40%	国内汽油机的热效率正逐步靠近40%	日本已实现40%热效率机型的量产马自达第二代创驰蓝天发动机，宣传热效率已达到48%
电子电器	重点发展48V系统并提升效率	长安、吉利、上汽通用五菱、江淮等已上市搭载48V混动系统的车型，更多的整车厂商正在开发和应用48V混动系统	欧洲积极布局48V轻混系统的推广与应用 目前博世、大陆、法雷奥等供应商均已提供48V BSG系统，奔驰、宝马、大众、奥迪、保时捷都开始逐步搭载

注：① 该数据为中国汽车行业协会统计车辆上保险数据。

(1) 国内汽油机热效率逐步接近40%

目前，国内各车企在增压直喷新机型研究上，已大量应用高压缩比（12~13）、米勒循环、变排量附件等先进节能技术，汽油机的热效率正逐步接近40%（国际先进水平），国内各车企机型节能技术应用及热效率现状见表1-4。

如一汽的CA4GC20TD-2.0T机型，通过增压米勒技术组合实现了39%的热效率；广汽的增压米勒三缸机型1.5TM达到了38.5%的热效率，其同平台产品2.0TM可达到39.4%的热效率；长安的1.5TGDI机型，通过深度米勒循环和高压缩比的技术组合已实现了40%的热效率。

(2) 国内整车厂陆续推出搭载48V混动系统车型

截至2019年3月，已经有几家国内整车厂已经成功上市了搭载48V混动系统的车型，还有更多的整车厂商正在开发和应用48V混动系统。

2018年，长安推出2018款的长安逸动蓝动版，搭载48V混合动力系统，节油效果达到10%，实现油耗5.8L/100km。此外，还推出了CS55蓝动版，该小型SUV也搭载了48V混合动力系统。2018年，吉利博瑞GE搭载48V混动系统，使得该车型的节油性全面提升，节油率高达15%，综合油耗仅5.8L/100km，节能效果明显。2018年11月，上汽通用五菱发布2019款宝骏730，其中有搭载48V混动系统的混动版，综合油耗为6.3L/100km，在传统车型油耗7.0L/100km的基础上，实现了10%的节油效果。2018年10月，江淮推出了瑞风M4 2019混动款，该车型为7座MPV，整备质量为1995kg，搭载48V混合动力系统后，油耗为8.0L/100km，与常规版油耗9.5L/100km相比，实现15%以上的节油效果。

除了长安、吉利、上汽通用五菱和江淮等已经推出48V混动系统的车企，比亚迪、奇瑞、上汽和一汽旗下的48V混动车型也即将上市。作为实现2020年平均油耗5.0L/100km

表 1-4 国内各车企新机型节能技术应用及热效率现状

OEM	发动机	热效率(%)	涡轮增压	喷射形式	DVVT	米勒循环	压缩比	IEM	能量管理	EGR	高能点火/mJ	48V BSG 电机	CVVL
吉利	1.5T HEV	38	√	PFI	√-锁止	√	—	√	—				
	1.5T REEV	39.1	√	中置 GDI	√-锁止	√	13	√	—				
比亚迪	1.5TG	≥38	变截面	GDI	√	√	12.5	√	电子节温器				
	2.0TG	≥38.8	双涡管	GDI	√	√	12	√	√				
	1.5T EB	≥38	√	35MPa 中置 GDI	√	√	11	√	√				√
长城	2.0T EN	≥38	双涡管	35MPa 中置 GDI	√	√	12	√	电子节温器				
广汽	1.5TM	38.9	√	35MPaGDI	√	√	11.2	√	双节温器	HP-EGR			
	2.0TM	39.4	双涡管	35MPaGDI	√	√	12	√	双节温器	LP-EGR			
一汽	2.0T	39	√	35MPaGDI	√	√	—	√	√			√	
长安	1.5TG	40	变截面	35MPaGDI	√	√	13	√	√	LP-EGR	100		

的途径之一，国内整车厂会逐步推出越来越多的搭载48V混动系统车型，并进一步优化该系统以实现更大的节油率。表1-5是国内已上市48V混动系统车型汇总。

表1-5 国内已上市48混动系统车型

车企	车型	级别	车款	车重/kg	油耗/(L/100km)	传统车油耗/(L/100km)	节油率(%)	备注
福特	领界	SUV	2019款	1620	6.3	6.7	6	
长安	逸动	轿车	2018款	1325	5.6	6.1	8.2	
长安	CS55	SUV	2019款	1530	6.1	6.9	11.6	
吉利	博瑞GE	轿车	2019款	1600	5.8	7.8	25.6	采用了发动机小型增压化等技术
吉利	嘉际	MPV	2019款	1610	5.9	7.8	24.4	采用了发动机小型增压化等技术
五菱	宝骏730	SUV	2019款	1540	6.3	7	10	
江淮	瑞风M4	MPV	2019款	1995	8.0	9.5	15.8	

（3）国内车企陆续推出动力链匹配方案，实现更高效节能减排

潍柴动力正式发布潍柴13G加强版发动机+法士特1810集成化AMT自动变速器+汉德HDZ425单级减速驱动桥。潍柴13G加强版发动机，其动力段覆盖480~650马力，在转速为1200~1500r/min时可以爆发出2650N·m的超高转矩，匹配小速比后桥，爬坡能力强，可满足特殊用途以及国六和国五排放标准。整机更加可靠耐用，B10寿命到达了180万km，拥有同排量最小的缸心距；得益于高效主动油气分离系统和自适应SCR控制技术以及DPF主、被动再生控制技术，在排放上也更加节能环保。

北汽福田汽车股份有限公司开发的重卡超级动力链如图1-8所示，由福田康明斯自

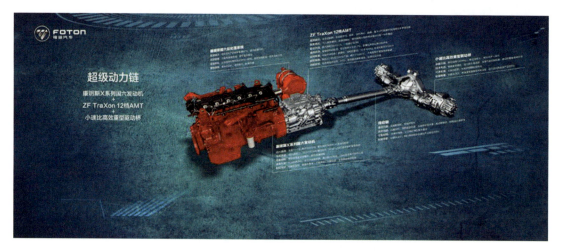

图1-8 福田国六排放高端重卡超级动力链

研 X 系列国六发动机 + 福田采埃孚自产 TraXon 12 档 AMT + 高强钢传动轴 + 小速比重型驱动桥构成。X 系列国六发动机排量为 11～13L，最大功率为 580 马力（约 426.6kW），最大转矩为 2600N·m，搭载了 ISOPOD 涡轮增压技术及 Smart USFE 智能油耗管理系统，热效率达 46%，通过国六 b 排放，污染物转化效率高达 96%～99%；TraXon 12 档 AMT 全自动换档，机电一体化集成，输入转矩为 3400N·m，智能换档点设定，传动效率大于 99.7%，显著提升车队燃油经济性；高强钢传动轴，轻量化设计，重量较国内同级别产品低 5% 左右；小速比高效重型驱动桥额定轴荷为 13000kg，传动效率≥96%，最小速比为 2.412，采用高强度专用钢板冲焊成型，重量较国内同级别产品低 5% 左右。

(4) 国内重卡列队行驶技术取得一定进展

列队行驶可有效降低风阻，进而降低整车油耗。北汽福田、东风商用车、中国重汽等企业纷纷在港口、干线物流园区、园区 – 港口间固定高速路线等特定场景进行列队行驶的验证、测试及运营。2019 年 5 月，福田重卡列队在中国汽车技术研究中心有限公司天津中汽中心组织的列队跟驰公开试验中表现优异。在特定场景下，福田列队行驶能实现 70km/h 车速下，车辆间距为 10m，头车进行加减速、变道行驶时，后车能够及时跟随前车完成相应操作，横向偏差距离小于 0.3m，如图 1 – 9 所示。

图 1 – 9 福田重卡列队行驶

(5) 汽车全生命周期温室气体及大气污染物排放评价工作取得重要进展

开展汽车生命周期温室气体及大气污染物排放评价，科学、客观地评价各种能源、动力系统的汽车产品对环境的影响，是落实《汽车产业中长期发展规划》提出的推动全生命周期绿色发展的重点任务。近年来，国内部分高校及研究机构已开展了汽车生命周期排放的研究工作，积累了一定的模型和数据基础，但在生命周期定义、边界范围、评价方法等方面没有形成统一的共识，导致了评价结果之间存在较大偏差。中国汽车工程学会联合行业组建了"中国汽车生命周期排放评价研究工作组",并于2018年研制发布了《汽车生命周期温室气体及大气污染物排放评价方法》(T/CSAE 91—2018)。该标准规定了汽车生命周期温室气体及大气污染物排放评价方法的术语及评价方法框架,明确了汽车生命周期的涵盖范围,即汽车燃料周期上游阶段(开采-运输-生产-输配等)、汽车燃料周期运行阶段和汽车材料周期(矿石开采-冶炼加工-制造组装-回收利用等),适用于全国或区域内,车队平均或具体车型等方面的汽车生命周期温室气体及大气污染物排放评价工作。该标准发布以来,有力地支撑了行业评价研究(《汽车生命周期温室气体及大气污染物排放评价报告2018》)及政府管理工作(工信部科普宣传"电动汽车到底有多环保?"),并将为促进汽车生命周期的节能减排,推动汽车行业可持续发展提供重要支撑。

2. 实现《路线图》目标存在的挑战

针对《路线图》节能汽车技术路线图目标的实现,当前主要存在以下几个方面的挑战:

(1) 节能汽车领域核心技术掌握程度不高,先进技术储备不足

从核心技术掌握程度上看,节能汽车的众多核心技术仍掌握在国外供应商手中;从先进技术储备来看,国内整车企业还处于应对油耗及排放标准的产品升级阶段,对未来5年及之后的新技术研究储备低于国外一流整车企业,国内多项节能技术仍处于跟随开发状态。

(2) 排放标准升级,为节能目标的实现带来挑战

排放标准升级对商用车的节能影响尤其突出。国内商用车减排压力远高于节能,尤其是增加了后处理系统,伴随着油耗的损失,势必影响节能效果。

(3) 车辆大型化发展增加了节能目标实现难度

同等技术水平下,油耗与车重正相关,车重越大,油耗越高。近年来,受市场影响,国内车辆大型化发展趋势明显,增加了节能目标实现难度。

(二)纯电动和插电式混合动力汽车

1. 面向达成《路线图》目标的国内标志性进展

随着补贴政策的逐步退出,我国新能源汽车产业正在向以市场为导向的产业体系转化,新能源汽车产品技术进一步提升,产业环境逐步完善。2018年,我国新能源汽车市场继续保持高速增长并处于全球领先地位,新能源汽车产销量分别为127.0万辆和125.6万辆,占新车产销量比例分别为4.57%与4.47%,其中,纯电动汽车产销量为98.6万辆和

98.4万辆，插电式混合动力汽车产销量为28.3万辆和27.1万辆。新能源汽车总销量以乘用车为主，纯电动与插电式混合动力乘用车销量合计105.3万辆，占新能源汽车总销量的82%。销量排名前十的企业均为传统汽车企业，包括比亚迪汽车、北汽新能源、上汽集团、吉利汽车、江淮汽车、奇瑞汽车、长安汽车等企业，产品研发和生产主要采用新能源汽车与传统燃油车共线的方式，同时，越来越多的车企开始研发和建设纯电动平台，并相继有新产品投入市场。蔚来汽车、威马汽车及小鹏汽车等新势力车企实现整车量产化，在一定程度上推动了汽车行业在生产方式、销售和服务模式等方面的创新和多样化发展。2018年我国新能源汽车出口数量大幅增加，新能源汽车企业海外建厂规模不断扩大。据中国海关统计数据，2018年我国共出口14.7万辆新能源汽车，同比增长39%，出口金额同比增长63%。新能源汽车应用范围趋于多元化。电动乘用车应用涵盖私人用车、单位用车、出租租赁、共享汽车等方面，私人购买占70%以上。受限购政策影响，新能源汽车主要消费区域仍集中在北京、上海、广州、深圳等一线城市和天津、杭州等新一线城市，呈现出向非限购的二线、三线城市扩展的趋势。如合肥新能源汽车销量为5.25万辆，郑州新能源汽车销量为3.78万辆，柳州、南昌等城市销量均超过2.5万辆。其中，柳州市探索和实行的"柳州模式"，使得柳州新能源汽车的市场渗透率从2017年的9.7%上升至2018年的19.8%，2019年上半年达到27.7%。纯电动商用车覆盖市内公交、物流、市政及公交客运等方面。随着国务院"打赢蓝天保卫战"行动计划的部署和实施，公共交通电动化进程加快，上海、广州、长沙、福州、青岛等地方政府纷纷发布公交车全面电动化的时间。截至2018年底，深圳公交车已全部实现电动化，广州三分之二的公交车实现电动化，北京、上海等城市接近一半的公交车实现电动化。

随着动力电池、驱动电机及整车控制器等核心部件及关键技术的进一步发展，电池能量密度、整车续驶里程及能耗等关键指标不断提升，整车产品性能得到改善，用户体验感和对产品的信任度也进一步提高。目前，国内市场上销售的纯电动汽车以A0级、A级紧凑型轿车和SUV车型为主，整备质量在1600kg及以上，续驶里程主要集中在250~500km之间，电耗水平主要集中在12~18kW·h/100km之间。纯电动与插电式混合动力汽车主要指标的实现程度及国际比较见表1-6。

具体来说，2018年纯电动汽车和插电式混合动力汽车技术方面取得的标志性进展如下：

(1) 电力电子器件技术进步显著，IGBT实现自主研发及量产应用

采用IGBT封装模块可有效地提升电机驱动控制器集成度与功率密度水平。国内比亚迪汽车工业有限公司、嘉兴斯达半导体股份有限公司、中车时代电动汽车股份有限公司等企业攻克了车用IGBT芯片及封装技术，研发出750V/200A、75μm、8in（约0.2m）沟槽栅场终止型IGBT芯片，器件测试结果显示其性能与英飞凌等国外同类产品相当，并实现了在新能源汽车上的量产化应用；模块封装兼容行业主流产品，封装性能及可靠性能接近国际水平，打破了国外在IGBT领域的技术封锁和价格垄断。

表 1-6 纯电动与插电式混合动力汽车主要指标的实现程度及国际比较

领域	《路线图》2020 年关键指标	国内 2018 年进展	国际 2018 年现状
总体目标	纯电动汽车和插电式混合动力新能源汽车年销量占汽车总销量的 7%~10%	纯电动汽车及插电式混合动力汽车销量 105.3 万辆，占汽车总销量的 4.47%，保有量超过 290 万辆	全球纯电动和插电式混合动力汽车销量为 201.8 万辆，占汽车总销量的 2.1%，保有量为 550 万辆
纯电动乘用车能耗	典型小型纯电动汽车（整备质量 1200kg）法规工况电耗小于 12kW·h/100km	长安逸动 EV460（整备质量 1650kg）法规工况电网端电耗达到 12.8kW·h/100km	雪佛兰 Bolt 纯电动汽车（整备质量 1616kg）法规工况电耗为 11.5kW·h/100km
插电式混合动力乘用车能耗	典型 A 级，混动模式下油耗不超过 5L/100km（工况法）	上汽荣威 e6（整备质量 1480kg），条件 B 油耗 4.3L/100km	丰田第四代普锐斯（整备质量 1530~1550kg），条件 B 油耗为 3.5L/100km
电机	乘用车 20s 有效比功率 ≥ 4kW/kg，商用车 30s 有效比转矩 ≥ 18N·m/kg	上海电驱动、精进电动、中车时代、安徽巨一及华域电动等企业的乘用车电机 20s 有效比功率已达到 4kW/kg 以上。其中，精进电动已有产品达到 4.5kW/kg 上海电驱动、精进电动、苏州绿控及南京越博等企业的商用车电机 30s 有效比转矩为 18~20N·m/kg	宝马 i3、通用 Volt、特斯拉 Model3 等电机功率密度达到 3.8~4.6kW/kg 国外商用车量产电机相对较少，西门子研发的大转矩驱动电机，转矩密度达到 20N·m/kg
	高输出密度、高效率永磁电机技术	上海电驱动、精进电动研发的高速高密度驱动电机功率密度已达 4.0kW/kg 以上，峰值效率达 97%	美国 Volt、大众 MEB 平台、特斯拉 Model3 等驱动电机功率密度达 4.6kW/kg，峰值效率 97%
电机控制器	实现功率密度≥30kW/L	上海大郡研发的电机控制器功率密度达到 26.1kW/L 上海电驱动研发的电机控制器功率密度达到 23.1kW/L	博世、大陆电子集成的电力电子集成控制器，功率密度均达到 16~25kW/L 以上
	自主封装的绝缘栅双极型晶体管（IGBT）模块占市场总量 20% 以上，逆变器性能和可靠性达到国际先进水平	比亚迪研发的汽车级 IGBT 已实现国产化应用，自主封装的 IGBT 模块占国内市场 15% 左右	德国英飞凌 IGBT 模块占全球市场约 20.5%，占中国车用 IGBT 市场约 70%

以比亚迪汽车为例，自主设计建造了国内首条汽车级 IGBT 芯片和模块生产线，量产 1200V/25A～200A、120μm、精细化平面珊复合场终止型 IGBT 芯片，750V/1200V 高密度沟槽栅复合场终止型 IGBT 芯片，1200V/600A 模块、1200V/800A 模块，其技术先进性体现在以下方面：

1）高性能 IGBT 芯片设计及制造技术。比亚迪汽车研发了精细平面栅复合场终止层结构，实现了 120μm 薄片加工。与国外同类产品相比，该产品开通损耗降低 8%，关断损耗降低 26%。

2）适合车用复杂工况的 IGBT 封装技术。比亚迪汽车创建了基于复合热传导模型的 IGBT 直接冷却方法，发明了铝碳化硅底板与 Pin-fin（针翅）散热结合的冷却结构，模块循环寿命大幅提升，同时模块轻量化效果显著，重量减轻 50%。

此外，上海电驱动股份有限公司、上海大郡动力控制技术有限公司、中车时代电动汽车股份有限公司等企业在国家"十三五"科技部重点研发计划的支持下，也自主开发出了车用 IGBT 芯片和双面冷却 IGBT 模块。

(2) 低能耗整车集成技术将电网端能耗降到 12.8kW·h/100km

重庆长安新能源汽车有限公司研发的纯电动汽车逸动 EV460，整备质量为 1650kg，NEDC 工况续驶里程为 430km，实际道路续驶里程为 460km，电池组容量为 52.56kW·h，通过低能耗整车集成技术的开发和应用，将电网端能耗降至 12.8kW·h/100km。

该车型的整车低能耗集成技术途径如下：

1）整车能量流分析方面：建立能耗数据库，包含整车级、系统级、零部件级性能指标数据库，指导项目开发前期的目标设定与分解；搭建基于用户使用场景的整车能耗分析模型，基于大数据对整车能耗进行系统性分析，使得能耗开发更加贴近用户实际使用情况；搭建整车能量流测试系统，满足转毂试验与实际道路试验需求。

2）滑行阻力方面：主要从滚阻、内阻、风阻三个方面进行优化。通过降低轮胎滚阻系数、降低卡钳拖滞力、优化轴承内阻等手段优化滚阻和内阻；采用智能格栅、全密封底盘、低风阻轮毂、车尾顶部扰流板和外流场优化等方式降低风阻。

3）轻量化方面：深度集成电驱系统，实现降重 12kg；应用轻量化材料，实现降重 15～20kg；应用 SFE 拓扑结构优化，实现减重 10～15kg。

4）热管理方面：搭建功-热耦合的一维仿真分析模型，实现不同边界条件性能仿真分析及热管理控制策略优化；搭载带余热回收的高效热泵空调，实现动力系统、电池系统热管理、乘员舱热管理一体化集成。

5）驱动系统效率方面：通过提高电驱动系统集成度和优化电机硅钢片厚度，优化电驱动系统控制频率、控制电流精细化标定、降低减速器油品黏度等方式，将驱动系统平均效率提升至 87% 以上。

6）制动能量回收方面：通过优化不同车速下能量回收强度与效率，实现系统单踏板起动、加速、减速、制动功能，最大程度地提升车辆减速时的能量回收率，降低急加速和急减档频率。相比常规回收模式，制动能量回收效率提升 10% 以上。

（3）上汽新一代插电式混合动力新构型进入市场

上海汽车集团股份有限公司自主研发的新一代插电式混合动力新构型10档电驱变速器 EDU G2（图1-10）采用单电机、单离合器、多档交互动力换档机电耦合构型，目前已搭载到上汽荣威 ei6 插电式混合动力车型上，于2019年6月投放市场，整备质量为1480kg，百千米加速时间为7.2s，条件B油耗为4.3 L/100km，条件A电耗为14 kW·h/100km。

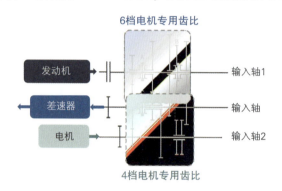

图1-10 EDU G2 构型图

EDU G2 主要技术指标见表1-7。

表1-7 EDU G2 主要技术指标

参数	指标
整机轴向宽度/mm	≤390
重量/kg	≤125
电机峰值功率/kW[转矩/(N·m)]	100（180）
电机布置形式	平行轴
电机冷却方式	主动自调节油冷
前进档档位数	发动机6档/电机4档
换档控制	电子
离合器控制	电子
机电耦合系统机械传动最大效率	≥94%

该构型的主要特点如下：

1）双动力源均有多档调节，能独立控制发动机和电机运行工况，使系统综合效率、动力性等均可以在不同工况和环境下实现最优化。

2）双动力源可相互补偿，无动力中断，保证车辆在混动模式下换档过程中始终有一个动力源的输出，提升车辆的行驶平顺性和节气门响应。

3）该构型无起动电机，系统依靠驱动电机完成所有混动功能。

4）集成了传动系统、驱动电机、逆变器、整车控制器等主要驱动和控制部件。同时，电机侧向布置，通过齿轴系统的紧凑设计，EDU G2 的轴向尺寸仅为390mm，可适用于多平台下的前舱布置需求,有利于平台化应用,并提升整车总装和下线节拍。

5)采用了单电机和单离合器的构型,并通过对电机控制策略的开发,使电机按照工况需求进行电动和发电的属性转换,实现深度混动的功能。同时,档位齿轮采用复用形式,一组齿轮可实现多档位动力路线的传递,结构紧凑,成本低,相对第一代 EDU G1 电驱变速器,成本降低 40% 以上。

此外,EDU G2 电机冷却采用主动自调节油冷技术,冷却油被以油柱的形式喷溅到电机端部,直接和定子转枢接触,直接快速地将热量带走。相比水冷,EDU G2 电机转矩可提升 40%,功率提升 20%。

(4) 7 速湿式双离合自动变速器在插电式混合动力汽车上实现量产化应用

长城汽车股份有限公司和浙江吉利控股集团有限公司均自主研发了 7 速湿式双离合自动变速器(简称 7DCT)并实现量产化应用。其中,长城汽车研发的 7DCT 系统具有换档模式丰富、结构紧凑、重量轻、转矩高及传动效率高等特点。其包含 7 个前进档和 1 个倒档,具有较宽的速比范围(7.99);整箱轴向长度为 389mm,中心距尺寸为 197mm,总重量为 82.6kg;采用了湿式双离合器模块,使变速器具有 450N·m 的高转矩及稳定的转矩输出;应用低黏度专用润滑油对轴、齿及轴承进行强制润滑,同时采用了先进的机械泵加电子泵双泵系统,使得综合效率达到 95.6%。7DCT 450 已搭载在长城汽车新一代 VV7 插电式混合动力汽车上。

吉利汽车将 7DCT 与电机进行集成,总成重量不超过 112kg,轴向长度缩短至 386mm,系统可承受的最大转矩提升了 30N·m。灵活的结构设计可较好地控制充电以及电驱动区间,使发动机和电机都工作在高效区,最高传动效率达 97%,同时进行能量回收,总节油效果达到 40%。吉利汽车混动式双离合器示意图如图 1-11 所示。目前,此变速器在吉利汽车的领克、博瑞、缤越等车型上均有搭载。

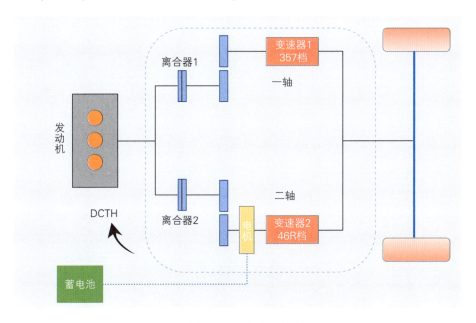

图 1-11 吉利汽车混动式双离合器示意图

(5) 高效换电技术缩短换电时间

基于电动汽车充电时间长、电池寿命短、续驶里程不足等问题，北京新能源汽车股份有限公司联合北京汽车股份有限公司、上海电巴新能源科技有限公司及奥动新能源汽车科技有限公司以纯电动出租车为示范，开发了电池换电技术。主要创新点如下：

1）高兼容性、高安全性、快速换电技术。发明了多点喇叭形滑槽错齿变刚度柔性整体耦合器，提出了基于刚度变化的整体耦合器柔性化设计方案，建立了整体耦合器整体刚度与局部刚度耦合优化模型，实现一次换电成功率99.7%，二次换电成功率100%；发明三个层级的定位换电技术，整体换电时间缩短至166s。

2）标准通信浮动连接端口。开发了六自由度标准通信浮动连接端口，实现了电池插接件与车身的可靠性连接，实现了插拔寿命达8000次。

3）多模控制集成技术。从功能安全、兼容、可追溯、车机等维度设计，以换电电池系统为管控核心部件，以电池管理系统作为控制枢纽，实现了控制技术在整车端、换电端及储能端等多种场景的兼容性。

4）智能化、绿色换电调度技术。通过云端系统实现了换电车辆、换电电池、换电站之间的互联互通，实现了换电调度管理、换电智能充电管理和换电长寿命管理，换电等待时间小于10min。与快充车型相比，充电经济性提升30%以上。

该换电技术已在北汽新能源的EU220、EU260、EU300 3款车型上量产应用，在全国11个城市累计运营换电车辆1.6万辆，累计更换电池131万次。

(6) 热泵空调在电动汽车上实现量产应用，提高冬季续驶里程

纯电动汽车冬季制热多采用电加热正温度系数（PTC）材料加热方式，能耗较大。据统计，将会缩减续驶里程近50%。热泵是一种可以将低位热源的热能强制转移到高位热源的空调装置，效能系数比PTC加热高2~3倍，可实现低能耗制热，有效延长续驶里程20%以上，是解决纯电动汽车冬季制热问题的有效方案。电装、法雷奥、翰昂、马勒等国际企业均已推出车载热泵空调系统，日产Leaf、宝马i3、大众电动高尔夫已实现热泵空调系统的量产化应用。近两年，上海汽车集团股份有限公司、重庆长安股份有限汽车等企业也实现了热泵空调在电动汽车上的量产化应用。

以上汽集团为例，其联合华域三电汽车空调有限公司开发了高效热泵空调系统，并在荣威ei5和荣威MARVEL X车型上搭载应用，在国内首次实现了热泵空调系统在电动汽车上量产化应用。其创新性体现在如下五个方面：

1）实现热泵全工况五个运行模式，包括：制冷、制热、制冷除湿、制热除湿、化霜。

2）在-10℃以上环境温度下，能耗比（COP）可达到1.7，与高压PTC加热方式相比，续驶里程可增加30%。

3）解决了NVH[一]问题，实现了热泵空调低温下低噪声运行。

[一] NVH：Noise，Vibration，Harshness，即噪声、振动、声振粗糙度。

4）全球首次将智能互联网技术与热泵空调运行模式相结合，通过精准控制，有效地延长了热泵空调在低温高湿度环境下的工作时间；通过内循环补偿制热，有效地解决了在高湿度环境下热泵结霜问题，且在结霜工况下热泵不停机，COP＞2，并可提供1.5kW制热量。

(7) 充电网防护技术实现推广应用，可有效地监测充电起火事故

特来电新能源有限公司自主研发了电动汽车充电网防护技术，可有效地监测和预防新能源汽车充电过程中的起火事故。该技术在充电网上开发了两层安全防护层，包括柔性智能充电管理系统（CMS）主动防护层和充电大数据安全防护层。第一层"CMS主动防护层"：在车辆侧对电池过温、电池温度异常、电池过充、数据不刷新等11种情况进行实时诊断和全面防护；在充电侧通过局部放电方法和故障录波技术实现对电池安全隐患的侦测。第二层"数据防护层"：通过车辆与充电桩之间的数据交换，从时间和空间两个维度，对实时数据、历史数据和同型号车辆数据进行监测和分析，进而侦测整车安全。

两层安全防护层共建立了19种数据模型，可对车辆运行、充电、故障及电池状态等数据进行分析，相当于对每次充电过程进行一次"体检"，使车辆在线接受两级安全防护体系的保护，一方面提高了电动汽车充电安全性，实现了电动汽车充电安全隐患的"可监视、可预警、可控制、可追溯"，减少整车充电起火事故；另一方面通过监测发现动力电池管理系统的设计缺陷，可为整车企业和电池企业提供产品改进建议。截至目前，该技术体系已全面覆盖特来电的智能充电网，在全国330个城市推广应用，监控近24万个充电设施。

2. 实现《路线图》目标存在的挑战

(1) 财政补贴政策退坡对销量产生一定影响

2019年3月，新能源汽车新一轮财政补贴政策正式实施，不仅提高了对车辆技术指标的要求，而且补贴金额大幅降低，同时取消了地方补贴。随着6月25日补贴过渡期的结束，补贴政策对新能源汽车市场销量的影响逐渐显现。2019年7—9月，国内新能源汽车销量连续下滑，部分技术指标落后的车型将逐渐退出市场，部分企业因成本压力问题也将面临生存危机。2020年，是财政补贴的最后一年，新能源汽车企业及市场将面临更严峻的挑战，但同时随着企业对补贴依赖度的降低，新能源汽车市场逐渐趋于成熟，淘汰部分竞争力较弱的企业，促进技术先进及产品优秀的企业快速发展，产业格局将进一步趋于稳定。

(2) 整车安全事故频发影响消费者购买信心

电动汽车安全是每一位消费者最为关心的问题，近年来电动汽车安全事故频发，对消费者的购买信心造成一定的影响。电动汽车安全的核心问题是动力电池，特别是电芯的安

全问题。此外，开发周期短、试验验证不充分、充电操作不规范等问题也是电动汽车安全事故的部分原因。在下一步工作中，要继续把动力电池的安全问题放在电动汽车产业健康持续发展的首要位置，进一步提升高能量密度电芯及动力电池的稳定性、可靠性和安全性，加强动力电池消防安全技术研究，加快安全标准及规范的制定，强化试验验证措施及充分发挥安全监控平台作用，提高安全技术和产品质量。同时，扩大宣传，提高消费者在电动汽车使用环节和保养环节的安全意识。

(3) 充电基础建设无法满足市场需求

根据中国充电联盟统计数据，截至2018年12月，我国公共类充电桩达到33.1万台，发展规模持续保持全球首位。但因为私人充电设施不用于共享，利用率低，公共充电设施布局不合理，存在分布不均匀、标准体系不健全、配套服务不完善等问题，目前充电基础设施无法满足新能源汽车市场的发展速度，充电的不便利性在一定程度上影响了消费者购买新能源汽车的选择。解决新能源汽车的发展问题，充电体系建设是首当其冲的一个重要问题，在2019年补贴政策中，国家加大了对充电基础设施建设的支持力度，将加大力量改善充电环境，解决用户购买和使用新能源汽车的后顾之忧。

（三）氢燃料电池汽车

1. 面向达成《路线图》目标的国内标志性进展

2019年1~6月，氢燃料电池汽车产销量1170辆和1102辆，保有量4525辆，氢燃料电池汽车的示范应用有力地推动了燃料电池动力系统、关键零部件的技术进步。

①在氢燃料电池关键材料方面，采用15μm质子交换膜的石墨双极板电堆功率密度达到2.2kW/L；大功率车用燃料电池超薄金属双极板实现量产。

②在氢燃料电池动力系统方面，电堆比功率和耐久性均有所提高，新开发的电堆最大持续功率达到125kW，最大持续输出功率密度突破3.2kW/L；复合双极板电堆模块耐久性突破7500h。

③氢能基础设施方面，国内首座商业化运营的加油加氢合建站和加氢充电合建站完成建设。对比《路线图》1.0版本中2020年的目标，目前氢燃料电池汽车产业主要指标的实现程度与国际水平的对比见表1-8。

具体来说，2018年以来在氢能及燃料电池汽车技术方面取得的标志性进展如下：

(1) 金属双极板电堆功率密度达到3.4kW/L

新源动力股份有限公司（简称新源动力）自主研发出可靠性和环境适应性满足车用要求的金属双极板燃料电池电堆，通过优化膜电极的催化层、质子交换膜和扩散层的材料、结构，实现了膜电极比功率≥1.22W/cm²，贵金属铂用量低于0.25g/kW，在阴极无外增湿

表1-8 氢燃料电池汽车主要指标的目标实现程度及国际水平对比

指标		《路线图》2020年关键指标	国内进展	国际现状
总体目标		在特定地区的公共服务用车领域小规模示范应用，规模累计5000辆	氢燃料电池汽车保有量4525辆	全球氢燃料电池汽车保有量达1.29万辆
燃料电池汽车	商用车	续驶里程500km，最高车速80km/h，冷起动温度－20℃，寿命40万km，燃油经济性<7.0kg/100km，成本<150万元	续驶里程500km，最高车速80km/h，冷起动温度－20℃，寿命约20万km，燃料经济性<7.0kg/100km，成本200万元	燃料电池商用车代表车型的续驶里程约为500km，最高车速113km/h，冷起动温度－30℃，燃料经济性8.3kg/100km
	乘用车	续驶里程500km，最高车速160km/h，冷起动温度－30℃，燃油经济性1.0kg/100km，成本30万元	续驶里程500km，最高车速150km/h，冷起动温度－20℃，寿命大约10万km，燃料经济性1.2kg/100km，成本>50万元	燃料电池乘用车代表车型的续驶里程超过500km，最高车速175km/h，冷起动温度－30℃
燃料电池系统	商用车	额定功率60kW，300W/kg，冷起动温度－20℃，寿命10000h，比功率2.0kW/L，系统成本5000元/kW	额定功率60kW，最高效率50%，比功率300W/kg，冷起动温度－20℃，寿命5000h，系统成本6000元/kW	额定功率130kW，最高效率64%，比功率332W/kg，冷起动温度－30℃，寿命25000h
	乘用车	额定功率60kW，最高效率45%，比功率400W/L或450W/kg，冷起动温度－30℃，寿命5000h，系统成本1500元/kW	额定功率60kW，最高效率45%，比功率350W/L或300W/kg，冷起动温度－20℃，寿命5000h，系统成本大于6000元/kW	功率大于100kW，冷起动温度－30℃
燃料电池电堆	商用车	冷起动温度－30℃，额定功率70kW，材料成本1000元/kW，比功率2.0kW/L	冷起动温度－30℃，额定功率80kW，材料成本3000元/kW，寿命10000h，比功率2kW/L	可以批量化生产燃料电池电堆；电堆功率可达100kW以上，功率密度3.0kW/L以上；寿命可达5000h
	乘用车	冷起动温度－30℃，寿命5000h，额定功率70kW，材料成本3.0kW/L或2.0kW/kg	冷起动温度－30℃，寿命5000h，额定功率70kW，材料成本3000元/kW，比功率3kW/L	
加氢站		100座	建成24座，在建20座左右	395座

的操作条件下,电堆额定功率达到 70kW,峰值功率超过 85kW,裸堆功率密度达到 3.4kW/L,新源动力金属双极板电堆输出性能及产品实物如图 1-12 所示。依据氢燃料电池车用要求,电堆的可靠性及环境适应性均已通过实验验证,完成了 -30℃ 储存和 -20℃ 起动测试验证,经过了 10 个冷冻、起动循环后,电堆性能无衰减。经第三方测试,电堆模块抗振性能满足设计要求,防水防尘等级达到 IP65,绝缘性能 ≥2000kΩ。

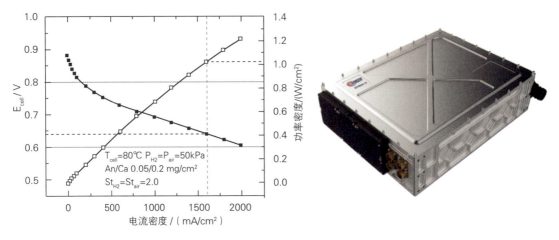

图 1-12 新源动力金属双极板电堆输出性能及产品实物

(2) 石墨双极板电堆功率密度达到 2.2 kW/L

上海神力科技有限公司(简称神力科技)自主研发的 C290-30、C290-40 及 C290-60 系列产品,具备高度集成、快速起动响应、高可靠性、高防水防尘、高电磁兼容性、绝缘性强、抗振特性强等优势,输出性能如图 1-13 所示,支持 -30℃ 低温自起动、-40℃ 低温存储,功率密度达到 2.2 kW/L。

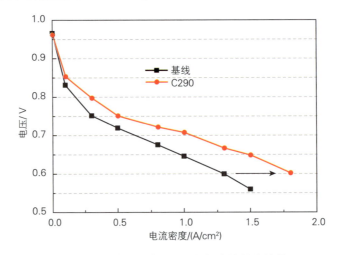

图 1-13 神力科技石墨双极板电堆输出性能

该系列产品通过对膜电极核心零部件、双极板流场和电堆结构设计进行优化，有效提高了电堆的功率密度。在核心零部件方面，选择了15μm质子交换膜降低膜电阻带来的电堆内阻；使用薄气体扩散层（GDL）提高传质能力，降低浓差极化；调整排水能力和水分保持能力，减少局部水淹影响，平衡干燥工况对膜的影响。双极板流场方面，通过优化双极板流场设计、重点引流区结构设计，保证单片内部各流道气体分配均匀，减少和避免死区产生，避免由于分布不均造成的性能降低，主流道的设计上适当增加流道阻力，强制氧气向碳纸扩散，延缓浓差极化的出现，提高电堆工作电流，进而提高电堆功率密度。在电堆结构设计方面，分别从压紧力和气体分配两个方面避免了单节电压一致性差导致的"木桶效应"，保证大电流密度下稳定输出，从一致性角度使功率密度得以提升。为了提高电堆单片间的一致性，从端板分配歧管设计入手，采用流体仿真模拟优化电堆歧管结构设计（图1-14），保证电堆内部单片间气体分配均匀，减少单片"短板效应"对电堆性能及耐久性的影响，优化设计后，电堆一致性提高了30%。为了保证膜电极表面受力均匀，满足气体扩散和密封的要求，优化电堆压紧力的控制、密封设计和膜电极设计。

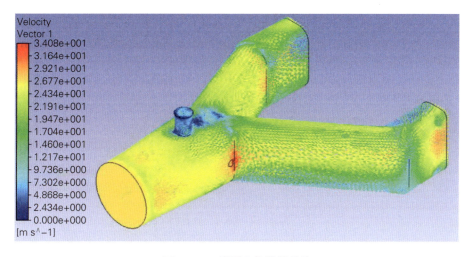

图1-14 模拟电堆歧管结构

（3）金属双极板电堆最大持续功率达到125kW

同济大学新能源汽车工程中心制备出由370节单池构成的金属双极板燃料电池单堆，该电堆的催化剂、膜电极和金属双极板均采用自主研发技术，最终达到了125kW的最大持续功率，3.2 kW/L（包括端板、紧固件的裸堆）的最大持续输出功率密度，超过2 A/cm^{2}的峰值最大电流密度（图1-15）。

（4）石墨双极板电堆实现整车-30℃低温起动、-40℃低温存储

在极寒条件下，燃料电池整车冷起动主要有电堆关机残余水含量多，低温下易结冰导致气体通道堵塞；石墨板热容大，升温较慢；在大电流的起动过程中，单片电压过低，造成起动失败等问题。北京亿华通科技股份有限公司（简称亿华通）设计的电堆针对现有吹

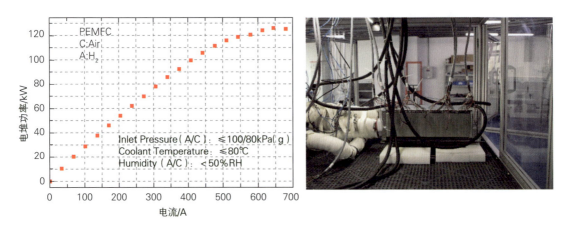

图 1-15 电堆实测功率曲线及测试实景图

扫策略残余水含量不受控的难题，优化了基于交流阻抗和脱水机理模型的吹扫控制技术，实现了电堆残余水量的精确控制（图 1-16a）。针对大电流起动过程中排水困难的问题，优化了空气旁通阀和电压边界控制（图 1-16b），实现了快速升温和有效排水，突破了石墨双极板燃料电池发动机 -30℃ 起动技术，实现整车 -30℃ 低温起动、-40℃ 低温存储，增强了我国氢燃料电池客车的环境适应性和可靠耐久性。

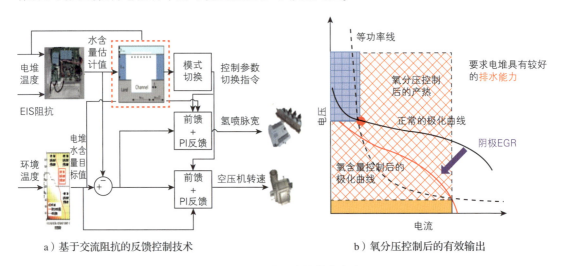

图 1-16 亿华通电堆优化方案

(5) 燃料电池电堆耐久性突破 7500h

新源动力股份有限公司攻克了复合膜基催化剂涂层膜电极技术，开发出流场与隔板分离的复合双极板结构，同时改进了电堆水热管理技术，研发的 HYMOD-36 燃料电池电堆模块经过了车载动态工况下的 7500h 寿命测试（图 1-17），电压衰减速率为 6.45μV/h，通过了全部车用可靠性试验验证，实现批量制造，并应用于我国燃料电池轿车荣威 750、上汽大通 FCV80 等车型。

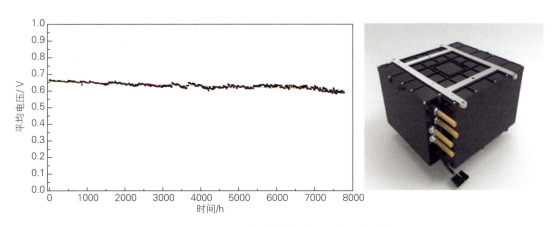

图 1-17　新源动力燃料电池电堆耐久性能测试及产品实物图

（6）大功率车用燃料电池超薄金属双极板实现量产

燃料电池金属极板的细密化沟槽结构决定了电化学反应中传质、排水及散热效率，能显著提高燃料电池输出性能。上海治臻新能源装备有限公司（简称上海治臻）围绕金属双极板构型设计、细密流道高精度制造和高耐蚀导电涂层制备等关键技术难题，突破金属薄板细密化结构在单道次冲压成形中的材料延展局限性，立足于基于模型设计（MBD）及计算机辅助设计（CAD）技术，开发面向复杂、精密结构的数字化设计迭代体系，通过高速多工步冲压成形克服材料局部变形失效问题，攻克 0.1mm 不锈钢等超薄材料的高深比结构制备，并在国内率先实现了周期最小为 0.8mm、深度可达到 0.3~0.4mm 结构的批量成形制备工艺，通过开发高深宽比流道金属极板的细密流道成形回弹误差的补偿方法，实现流道高度制造尺寸偏差小于 10μm 的先进技术（图 1-18）。通过自主开发的 UltraPVD 连续涂层沉积系统，发明了偏压交替沉积的工艺方法，使涂层致密性得到显著提高，对电堆运行过程中反极、起停产生的高电位具有良好的抵抗性能。同时涂层的接触电阻也进一步降低至 $1.2\mathrm{m\Omega \cdot cm^2}$（图 1-19）。

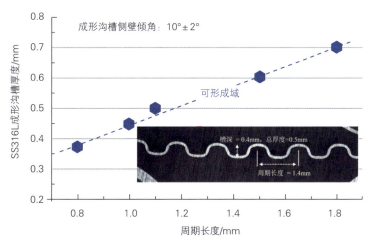

图 1-18　上海治臻超薄金属极板成形能力

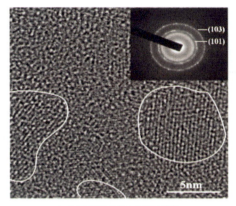

a) 金属双极板涂层表面形貌　　　　b) 金属双极板涂层截面形貌

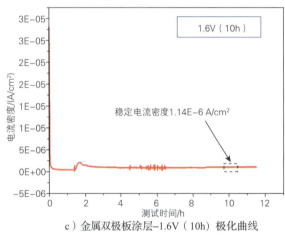
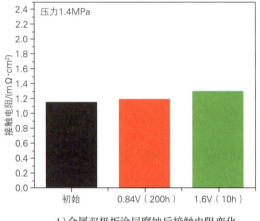

c) 金属双极板涂层-1.6V（10h）极化曲线　　　d) 金属双极板涂层腐蚀后接触电阻变化

图 1-19　上海治臻金属极板涂层性能

(7) 中国首座商业化运营的加油加氢合建站建设与推广

中国石化销售股份有限公司广东石油分公司（简称中石化广东分公司）在 2019 年建成了中国首座商业化对外运营的加油加氢合建站——中国石化佛山樟坑油氢合建站，这是全国首座集油、氢供给及连锁便利服务于一体的新型网点（图 1-20）。樟坑油氢合建站日加氢能力达到 500kg，主要服务周边使用氢燃料的公交线路及物流运输车队，氢燃料电池公交车加注一次只需要 5min 左右，可续驶 300km，具有加注效率高、续驶里程长、零污染、零排放等优点。此外，还形成了油氢合建站标准，详细规定了加氢站的设计建设与施工中的要求，尤其是对加氢、加气、充电、加油站合建改建等做了详细规定。

图 1-20　中石化油氢合建站实景图

(8) 国内首座商业化运作的 35/70MPa 加氢充电合建站

上海驿蓝化工区加氢充电合建站为国内首座商业化运作的 35/70MPa 加氢充电合建站（图 1-21），已按规定取得危险化学品经营许可、气瓶充装许可及移动压力容器充装许可，并已正式投入运营。站内配置有 2 台 35MPa 双系统加氢机和 1 台 70MPa 加氢机，可为 35MPa 和 70MPa 氢燃料电池车辆提供氢气加注服务。同时该站配有 5 台充电桩，其中 4 台为 60kW 充电桩、1 台为 120kW 充电桩，可满足纯电动汽车充电需求。

该合建站是国内首次采用离子压缩技术的加氢站，也是国内第一座通过管道供氢的加氢站，具有母站功能，配备 2 台充装柱，为氢气长管拖车充装 20MPa 氢气，每天可满足 5 辆氢气长管拖车充装需求。每辆氢气长管拖车可为加氢站提供的有效运输氢气约为 300kg，即该站每天可保证 3 座以上 500kg 规模的加氢站用氢。根据氢气长管拖车的运输半径，该站可为周围半径 100km 范围内（上海及环杭州湾地区）的加氢站提供稳定、可靠的氢燃料电池车辆用氢气源。

图 1-21　上海驿蓝化工区加氢充电合建站实景图

2. 实现《路线图》目标存在的挑战

(1) 燃料电池电堆技术

一是提高电堆性能与比功率。目前，国内燃料电池汽车电堆的功率级别普遍偏低。国际上燃料电池电堆的功率基本超过 100kW，而国内车用燃料电池电堆主要以 30~60kW 为主，功率等级普遍低于国际同类燃料电池汽车。因此，有必要提高我国电堆的性能和比功率，尤其针对氢燃料电池乘用车，由于布置空间有限，更需要搭载高性能和高比功率的产品。综上，未来需要继续研发高活性催化剂、薄增强复合膜、导电耐腐蚀双极板等创新性材料。在膜电极方面，需要解决有序化膜电极大电流下的水淹问题，使其能够真正得到实际应用；需要考虑电堆结构设计优化，如通过三维流场改善大电流的传质极化，通过优化组装过程降低欧姆极化等。

二是提高燃料电池的耐久性。提高燃料电池电堆及系统的耐久性,是燃料电池商业化的前提。一方面可以通过增强关键材料与部件的耐久性,提高电堆及系统的寿命,如采用合金催化剂、增强复合膜等材料都对提高耐久性有很好的作用。另一方面可以通过合理的控制策略,规避会引起燃料电池劣化的不利的外部条件,比如缓和的燃料电池工况对耐久性的提升就非常重要,采用电–电混合方式可以使燃料电池工作平稳,避免由于电位扫描与工况波动对催化剂及膜材料产生不利影响;起动停车过程的限电位控制策略,可以减轻在此过程中产生的高电位对催化剂载体的腐蚀;在系统中加入车载在线阻抗测量,可以随时监控燃料电池水的状态,为采取相应的控制策略提供判别依据。

三是降低燃料电池电堆的成本。一方面可以通过发展低成本的燃料电池电堆材料与部件,如低铂催化剂与膜电极、低成本的双极板、空压机、氢循环泵等降低成本;另一方面可以通过提高功率密度,降低燃料电池材料、部件等硬件消耗,达到降低燃料电池成本的目的。此外,还可以通过发展关键材料与部件的批量生产工艺与技术,摆脱部分材料完全依赖进口的局面,通过核心技术国产化,大幅度降低成本。

(2) 车载储氢系统技术

根据目前技术发展情况,以 2020 年、2025 年及 2030 年为三个关键时间节点设定车载储氢系统技术指标,以常温高压储氢气瓶为主要技术路线,同时鼓励其他储氢技术创新。以边攻关研究边产业化的形式,使车载储氢系统在质量储氢密度、体积储氢密度及系统成本方面逐步达到产业化要求,并且完成高压氢气瓶、关键阀门组件的批量制造能力建设,满足氢燃料电池汽车产业化发展需求。2020 年实现满足国家标准的 70 MPa III 型储氢瓶的批量生产,其中质量储氢密度达到 4.5%,体积储氢密度达到 30g/L,成本控制在 2300 元/kg,突破低成本 70MPa 储氢瓶制造工艺,实现对关键材料、零部件(如减压阀等)的进口替代,开发一体式瓶阀。2025 年研制出储氢压力达到 70 MPa 的 IV 型瓶,其中,质量储氢密度达到 5.5%,体积储氢密度达到 35g/L,成本控制在 2000 元/kg,形成关于 IV 型瓶的国家标准,实现 70 MPa 储氢瓶的批量生产。2030 年研究出更高密度的储氢技术,其中,质量储氢密度达到 6.5%,体积储氢密度达到 70g/L,系统成本控制在 1800 元/kg,实现液态储氢技术的中等规模应用、低温高压储氢技术的小规模应用;开发多功能集成瓶阀,并期望在其他新型储氢技术方面获得突破。

(3) 制氢技术

制氢路线的选择主要取决于原料和制氢能量来源的清洁性、原料资源的可获得性、技术的成熟度及其经济合理性。目前的制氢方法主要以煤化工制氢、天然气制氢和电解水制氢为主。随着全球环境问题日益突出,可再生能源的飞速发展,电解水制氢成本的不断下降,可再生能源发电电解水制氢技术越来越被认为将会成为未来制氢的主流技术。电解水制氢主要包括碱性、质子交换膜(PEM)和固体氧化物(SOEC)三种方式。碱性电解水制氢是最为成熟、产业化程度最广的制氢技术,但其电解效率仅为 60%~75%,而国外研发的 PEM 技术与 SOEC 技术均能有效提高电解效率,尤其是 PEM 技术在国外已逐渐成熟,相比碱性电解水，具有设备效率和安全性更高、气体纯度高、寿命长、生产过程污染较少、功率变化范围更宽、相对更适用于可再生能源电解水等特点。

另外，我国清洁能源资源十分丰富，仅内蒙古、新疆、甘肃、青海和宁夏五个省（自治区），风能和光伏可开发量每年约为 397 万亿 kW·h，开发利用可再生能源电解制氢、储存和高效利用技术，可在一定程度上缓解我国当前面临的能源需求和节能减排压力。

（四）智能网联汽车

1. 面向达成《路线图》目标的国内标志性进展

为顺应智能网联汽车最新的国际发展趋势，应对我国智能网联汽车产业化推进过程中的挑战性问题，近年来我国从政策法规制定、共性技术突破、产业协同创新、测试示范应用等多个方面开展了大量探索与实践，加快我国智能网联汽车产业的创新发展。对标《路线图》中提出的技术发展目标，具体进展如下：

1）在整车产品技术层面，车辆智能化水平进一步提升。国内众多车企纷纷发布了智能网联汽车发展计划，2018 年自主品牌 PA 级自动驾驶汽车开始陆续量产，目前已经得到大量应用。高级别自动驾驶车辆在园区、机场、矿山、码头、停车场等封闭、半封闭场景已经开始得到示范应用。在网联化方面，我国 C-V2X 快速发展，产业生态体系健全。2019 年，上汽、一汽、东风、长安、北汽等 13 家车企共同发布 C-V2X 商用路标，计划于 2020 至 2021 年量产搭载 C-V2X 终端的汽车。总体而言，整车技术进展与《路线图》提出的里程碑目标保持一致。

2）在车辆关键技术层面，国内环境感知、智能决策等关键技术和产品不断得到应用。多线束激光雷达产品已经实现量产，产品性能直追国外产品，较大幅度地拉低了价格，在固态激光雷达技术上也取得了一定进展，已经开发了样机。我国已经具备多款自主研发的自动驾驶计算平台，代表性产品有华为的 MDC（Mobile Data Center）和地平线的 Matrix 平台等。此外，我国智能交互技术发展迅速，具备自主知识产权的语音交互技术已经得到大量应用。总体而言，智能网联汽车关键技术进展与《路线图》提出的里程碑目标保持一致。

3）在信息交互关键技术层面，我国 C-V2X 产业生态体系基本形成。工业和信息化部于 2018 年 11 月发布了《车联网（智能网联汽车）直连通信使用 5905～5925MHz 频段管理规定（暂行）》，确定了 LTE-V2X 的专用频段。在通信芯片、通信终端、V2X 协议栈方面，我国本土企业均发布了相关产品。在测试示范方面，2018 年开展了"三跨"互联互通应用示范活动，2019 年 10 月开展了"四跨"互联互通应用示范活动，增加信息安全验证平台，对不同厂家 C-V2X 技术方案互联互通进行了规模测试，验证了我国 V2X 协议栈和安全机制的有效性。总体而言,信息交互关键技术进展与《路线图》提出的里程碑目标保持一致,甚至在网联化技术验证与应用方面超出目标。

4)在基础支撑技术层面,智能网联汽车技术标准和测试验证体系不断完善,成果显著。2017 年 12 月,工业和信息化部、国家标准化管理委员会发布《国家车联网产业标准体系建设指南(智能网联汽车)》,2018 年 6 月制定了《国家车联网产业标准体系建设指南(总体要求)》《国家车联网产业标准体系建设指南(信息通信)》和《国家车联网产业标准体系建设指南(电子产品与服务)》系列文件等。我国智能网联汽车技术验证和道路测试快速发展,已经从早期的封闭试验场到道路测试,再到目前的先导区内先行探索,并逐渐向城市大规模应用示范发展与迈进,验证范围不断扩展,类型场景不断丰富。总体而言,基础支撑技术进展与《路线图》提出的里程碑目标保持一致。

目前,智能网联汽车主要指标的目标实现程度以及对标国际动态分析见表 1-9。

表 1-9 智能网联汽车主要技术指标国内外对比情况

领域	《路线图》2020 年关键指标		国内 2018 年进展	国际 2018 年进展
智能网联乘用车	2018 年左右实现 PA 级智能化 2020 年左右实现 CA 级智能化		长安、上汽、吉利、比亚迪、广汽新能源以及造车新势力陆续发布了具有 PA 级自动驾驶功能的车型 上汽、长安、滴滴、百度、海梁科技、深兰科技等企业已经开展载人测试	通用、福特、奔驰、宝马、沃尔沃、丰田等均已推出 PA 级智能网联汽车产品 奥迪于 2018 年正式推出量产的 CA 级自动驾驶车型奥迪 A8
智能网联商用车	2018 年左右实现 PA 级智能化 2020 年左右实现 CA 级智能化		宇通、金龙、金旅、中车、苏州金龙、一汽解放、东风、中国重汽及北汽福田等商用车公司相继开展了智能驾驶商用车的开发工作,实现了封闭区域短程接驳、港口矿山自动作业、高速公路编队行驶等功能	奔驰、沃尔沃、Easymile、Navya 等传统车企及造车新势力,开发了面向景区、园区、矿山等封闭区域以及城市快速公交线路、高速公路卡车编队等产品
关键零部件	掌握传感器、控制器等关键零部件技术	传感器	我国 24GHz 毫米波雷达实现量产,但 77GHz 毫米波雷达也逐步实现量产;国内激光雷达企业的产品开发也不断取得突破,多线激光雷达产品性能直追欧美产品,在固态激光雷达上也有所突破	国外毫米波雷达技术研究处于领先地位,77GHz 毫米波车载雷达的关键技术主要由大陆、博世、电装、奥托立夫等传统汽车零部件巨头所垄断;国外激光雷达的研究起步相对较早,现阶段在车规化以及技术方案前沿性上仍具有一定的优势

（续）

领域	《路线图》2020年关键指标		国内2018年进展	国际2018年进展
关键零部件	掌握传感器、控制器等关键零部件技术	计算芯片	国内企业从ADAS专用芯片到高等级自动驾驶计算平台等领域逐渐参与竞争，代表性企业有地平线、华为、全志、杰发科技等	在CPU、GPU、FPGA、MCU等通用计算芯片领域外资企业具有优势，Mobileye已量产HA级及以上自动驾驶芯片；英伟达推出DRIVE PX Pegasu可支持FA级自动驾驶所需的算力
		操作系统	国内华为、中兴、东软等在积极开发自动驾驶操作系统核心平台技术，仍需较长时间实现与汽车产业链的真正融合集成及落地	国外TTtech、EB（Eletrobit）、Nvidia、伟世通等系统和模块解决方案公司，凭借其雄厚的软硬件能力，目前在自动驾驶操作系统方面处于领先位置，已形成核心竞争力并积极完善产品化工作
		V2X通信	我国采用基于LET-V2X的通信机制，C-V2X整个生态体系均实现了快速发展，产业发展速度全球领先	美国主要采用DSRC技术方案。欧盟同时采用DSRC与C-V2X两种技术方案，在标准制定方案保持技术中立态度。日本早期一直采用DSRC技术
		高精度定位系统及地图	现在已完成30余万km高速公路和城市快速路的地图采集；并且高精度地图实现商业化试点应用，尚未实现动态信息采集	国外在部分技术领域保持领先优势，既有TomTom、HERE这类以集中制图为主的传统的地图服务商，也有DeepMap、CivilMaps、lvl5等以众包为主的初创企业
关键共性技术	掌握智能网联汽车关键共性技术	信息安全	我国企业纷纷加大信息安全技术的研发，如360公司设立了专门从事汽车安全的智能网联汽车安全实验室；百度在2018年底发布了阿波罗（Apollo）车机防御系统；腾讯旗下的科恩实验室负责对IOT安全进行研究和探索	国际零部件供应商均在积极开展信息安全研究与应用
		功能安全	国内汽车功能安全标准和要求正在上升为国家战略层面，工业和信息化相关系列标准内容不断修订	国外智能网联汽车功能安全标准体系日臻完善，ISO组织在2018年颁发了第二版ISO 26262《道路车辆功能安全》标准，针对SAE定义的L3～L5级的智能网联预期功能安全标准ISO 21448也于2018年开始制订，预计2022年完成

(续)

领域	《路线图》2020年关键指标		国内2018年进展	国际2018年进展
关键共性技术	掌握智能网联汽车关键共性技术	测试评价	我国智能网联汽车道路测试管理不断完善，道路测试已实现"由点到面"突破，从封闭道路测试向示范应用推进，并且逐步开展载人与高速公路测试，国产仿真测试平台开发取得积极进展	各国均积极推动自动驾驶汽车的测试
		人工智能	国内的相关研究起步晚，百度、旷视、商汤等科技公司在开展相关研发工作，目前也取得了一定的成果，但在底层算法的研究方面尚有欠缺。在AI应用方面，国内外差距不大	国外的神经网络、深度学习、强化学习研究起步较早，其相关算法专利、框架比较成熟

综上所述，在广泛征求业内专家意见的基础上，选取以下面向达成《路线图》目标的标志性进展。

(1) 我国智能网联汽车技术验证和道路测试快速发展

1) 智能网联汽车测试管理不断完善。2018年4月，工业和信息化部、公安部、交通运输部联合发布《智能网联汽车道路测试管理规范（试行）》，规定了14项自动驾驶功能检测项目。2018年8月，中国智能网联汽车产业创新联盟、全国汽车标准化技术委员会智能网联汽车分技术委员会联合发布《智能网联汽车自动驾驶功能测试规程》，对测试场景做出进一步的明确规定。2019年9月，上海市、江苏省、浙江省、安徽省共同签订了《长江三角洲区域智能网联汽车道路测试互认合作协议》，在受理智能网联汽车道路测试申请时积极推动道路测试互认，可有效规范测试行为，加强检验机构协调合作，加快智能网联汽车的技术研发进程。2019年10月，由工业和信息化部、交通运输部、公安部支持的16个测试区（场）联合签署《智能网联汽车测试区（场）共享互认倡议》，未来将进一步实现资源共享、结果互认，减轻测试主体负担，全面提升我国智能网联汽车测试服务水平。

2) 各地积极推进测试示范建设，道路测试已实现范围和场景不断丰富。各地积极推进智能网联汽车道路测试区的建设工作，并开展自动驾驶车辆道路测试，截至2019年8月底，北京、上海、重庆、长沙、广州、杭州等超过20个城市规划开展自动驾驶道路测试，合计颁发测试牌照超过250张。2019年5月，工业和信息化部正式批复支持创建江苏（无锡）车联网先导区，论证通过了《国家级江苏（无锡）车联网先导区创建实施方案》。该方案明确了先导区发展定位，谋划了车联网产业发展路径，明确了先导区建设重点工作,提供了坚实组织保障。我国智能网联汽车示范应用在城市级大规模方向发展如图 1-22 所示。

图 1-22 我国智能网联汽车示范应用在城市级大规模方向发展

3) 测试范围不断扩展,开展载人与高速公路测试等。2019 年 9 月 16 日,上海市政府颁发首批"智能网联汽车示范应用牌照",宝马、上汽和滴滴公司获得牌照,意味着三家公司可以率先在城市道路中开展载人示范应用。9 月 19 日,国家智能网联汽车(长沙)测试区也新增载人测试,市民可通过志愿者身份参与测试体验。10 月,河北省沧州市也发布允许载人测试的自动驾驶测试管理办法。与此同时,国家智能网联汽车(长沙)测试区新增高速公路测试路段,100km 智慧高速测试路段布局了 5G 网络,路侧设备全息感知高速环境。此外,武汉等地也在积极尝试开展自动驾驶商业运营以及制定相关管理规范等。

(2) C-V2X 产业生态体系基本形成,产业发展速度全球领先

我国 C-V2X 产业在通信频谱分配、技术标准建设、通信芯片设计、模块终端和 V2X 协议栈的研发、道路测试验证、整车装配等整个生态体系上均实现了快速发展。

1) 在频谱分配方面,工业和信息化部于 2018 年 11 月发布了《车联网(智能网联汽车)直连通信使用 5905~5925MHz 频段管理规定(暂行)》,规划 5905~5925MHz 频段作为我国基于 LTE-V2X 技术的车联网(智能网联汽车)直连通信的工作频段。海南铁塔、天津市马可尼信息技术有限公司已经获批使用 5905~5925MHz 频率。2019 年 6 月,工业和信息化部向中国电信、中国移动、中国联通、中国广电四家企业颁发了基础电信业务经营许可证,批准这四家企业经营"第五代数字蜂窝移动通信业务",这将积极推动中国公路系统的数字化、智能化改造,利用 5G 技术发挥车路协同优势。

2) 在技术标准方面,支持 LTE-V2X 的 3GPP R14 版本标准已于 2017 年正式发布,能够满足安全和效率提升等辅助驾驶应用以及低级别自动驾驶应用的需求;第二阶段支持 LTE-eV2X 的 3GPP R15 版本标准于 2018 年 6 月正式完成,在 R14 版本标准基础上进一步提升了直通模式的可靠性、数据速率和时延性能,以满足车辆编队行驶等部分高级别车联网业务的需求;第三阶段支持 5G-V2X 的 3GPP R16 版本标准于 2018 年 6 月启动研究,将与 LTE-V2X/LTE-eV2X 形成互补关系,面向人车路协同和高级别自动驾驶等更先进的高级别车联网业务,计划 2020 年完成标准化工作。

我国通信、交通、汽车等领域的行业协会和标准化组织积极开展基于 LTE-V2X 的标准制定工作,标准已经覆盖应用层、接入层、网络层、消息层和安全等核心技术,标准体系已初步形成,具体包括:总体技术要求、空中接口技术要求、网络层技术要求及测试方法、消息层技术要求及测试方法、安全技术要求、证书管理系统技术要求等。

3)在通信芯片方面,华为推出了支持双模通信芯片 Balong 765 和商用车规级通信模组 ME959;大唐电信发布了 PC5 Mode 4 LTE-V2X 自研芯片和车规级通信模组 DMD31;上海移远通信联合高通发布了 LTE-V2X 通信模组 AG15;高新兴科技集团推出了支持 LTE-V2X 的车规级通信模组 GM556A。

4)在通信终端方面,大唐、德赛、东软、华为、金溢科技、千方科技、三旗通信、万集科技、星云互联、中兴等国内企业均可提供支持 LTE-V2X 的车载终端和路测单元产品。

5)在通信协议栈方面,东软、星云互联、ASTRI 等企业均可以为终端模块厂商以及整车厂提供稳定可靠的协议栈软件以及开发支持服务。

6)在测试验证方面,中国信通院、中国汽车技术研究中心有限公司、上海机动车检测认证技术研究中心有限公司等测试机构已建立实验室测试环境,可提供 C-V2X 应用功能、通信性能、协议一致性等测试服务。各测试示范区均加快部署 C-V2X 网络环境,全国已建立和规划建设 C-V2X 路侧单元 1 千余台,北京、长沙、上海、重庆等建成了覆盖测试园区、开放道路、高速公路等多种外场测试验证环境。

国内行业联盟、相关企业纷纷组织外场测试,验证外场环境下 C-V2X 应用的功能。2018 年,中国智能网联汽车产业创新联盟联合组织 20 余家单位共同开展了 C-V2X "三跨" 互联互通应用示范,实现了世界首例跨通信模组、跨终端、跨整车的互联互通,充分验证国内 C-V2X 协议栈有效性和规模化应用基础。2019 年 10 月,在上海再一次进行了 C-V2X "四跨" 互联互通应用示范,与前一年相比,增加了安全攻防演示,实现首次 "跨芯片模组、跨终端、跨整车、跨安全平台" 的 C-V2X 应用展示(图 1-23)。

图 1-23 在上海开展的 C-V2X "四跨" 应用展示测试场地

7）在量产计划方面，2019年4月，上汽集团、一汽集团、东风公司、长安汽车、北汽集团等十三家车企共同发布C-V2X商用路标，将于2020—2021年量产具备C-V2X联网功能的汽车。十三家车企的C-V2X量产车载计划，标志着如何提升车载装车率的问题即将得到更广泛的关注，将对推动路侧设施的投资部署产生积极的作用，并且对推动全球C-V2X产业也有着非常重要的影响。

(3) 智能网联汽车产业标准体系不断完善，重点领域标准有序推进

2017年12月，工业和信息化部、国家标准化管理委员会发布《国家车联网产业标准体系建设指南（智能网联汽车）》，全面规划智能网联汽车标准制定工作。按照智能网联汽车的技术逻辑结构、产品物理结构相结合的构建方法，将标准体系框架定义为"基础""通用规范""产品与技术应用""相关标准"四个部分，并根据各具体标准在内容范围、技术等级上的共性和区别，对四部分做进一步细分，形成14个子类，规划提出99项领域标准项目，其中，24项标准项目研究和制定工作已启动。

2018年6月，工业和信息化部、国家标准化管理委员会共同组织制定了《国家车联网产业标准体系建设指南（总体要求）》《国家车联网产业标准体系建设指南（信息通信）》和《国家车联网产业标准体系建设指南（电子产品与服务）》系列文件，与此前印发的《国家车联网产业标准体系建设指南（智能网联汽车）》配套使用。发挥标准在车联网产业生态环境构建中的顶层设计和引领规范作用，推动相关产业转型升级，加快制造强国和网络强国建设步伐。

2018年11月，全国道路交通管理标准化技术委员会、全国汽车标准化技术委员会、全国智能运输系统标准化技术委员会、全国通信标准化技术委员会共同签署《关于加强汽车、智能交通、通信及交通管理C-V2X标准合作的框架协议》。各标准化委员会将按照"友好合作、专业分工、优势互补、协同推进"的总体原则，建立高效顺畅的沟通交流机制，相互支持和参与标准研究制定，共同推动C-V2X等新一代信息通信技术及其在汽车和交通行业应用等相关标准研究、制定及实施工作。2019年，四个标准化委员会开展了跨行业标准协同工作，智能网联汽车、C-V2X、先进驾驶辅助系统以及网络信息安全等重点技术标准的制定和修订不断加快。

(4) 中国方案智能网联汽车系统体系架构形成

2019年，国汽（北京）智能网联汽车研究院有限公司联合清华大学、中国信号通信研究院、电子信息产业发展研究院、交通运输部公路科学研究院、公安部交通科学研究所、一汽、北汽、联通智网、华为、大唐、四维图新、北斗星通和启迪云控等单位共同编制并发布了"智能网联汽车信息物理系统架构"1.0版本（图1-24），将为国家和地方智能网联汽车和智能交通系统规划与建设提供参考性框架，支撑相关技术产业发展和创新。

MBSE建模工具SysMl语言

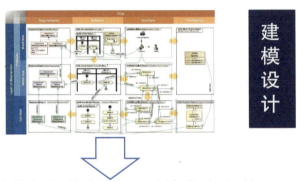

建模设计

智能网联汽车信息物理系统参考架构

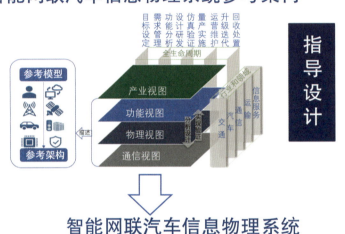

指导设计

智能网联汽车信息物理系统

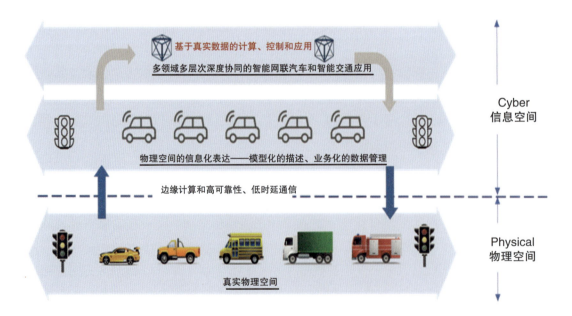

图1-24 智能网联汽车信息物理系统架构

智能网联汽车信息物理系统是汽车、交通、信息和通信系统有机融合的多维复杂系统，支持异构信息系统和物理对象之间安全可靠的感知和互操作，是一套支持汽车实时协同控制、面向业务可灵活定制、技术中立可持续演进、服务于系统全生命周期管理的设计方法和参考框架。

通过完成智能网联汽车信息物理系统架构设计，可以全面支撑我国智能网联汽车产业发展。一是可为政府提供规划和顶层设计建议，为智能网联汽车和智能交通系统复杂系统的总体设计、重构设计和中国标准体系完善提供基础支撑；二是支撑各企业的系统装备全生命周期开发管理，开发具有自主知识产权的产品，降低研发成本；推动汽车、交通和信息技术链和产业链的转型升级。

架构设计采用成熟的模型化系统工程方法和形式化描述语言 SysML，遵循架构描述国际标准 ISO 42010，从产业、功能、物理、通信不同视角进行描述，已完成 75 类物理对象、151 种应用服务、1700 个以上信息流、7000 个以上数据项的梳理和设计。

该架构将协同各行业进一步完善模型库和设计工具，共同推动智能网联驾驶基础设施建设，推进产业的转型升级，建立具备本地化产业属性的智能网联汽车生态体系。

(5) 国家智能网联汽车创新中心获工业和信息化部批复，推动共性基础技术发展

2019 年 5 月 23 日，工信部正式批复同意由国汽（北京）智能网联汽车研究院有限公司（简称"国汽智联"）组建国家智能网联汽车创新中心（简称"创新中心"），作为提供行业共性技术供给和支撑创新能力提升的重要平台。创新中心采用"公司+联盟"运营模式，以国汽智联为运营主体，以中国智能网联汽车产业创新联盟为延伸，共同打造产业协同创新的枢纽和生态系统。

中国智能网联汽车产业创新联盟由中国汽车工程学会、中国汽车工业协会在工信部支持下于 2017 年组建成立。目前，联盟成员包括来自汽车、信息通信、交通等领域的理事单位 64 家，普通成员单位超过 300 家。

国汽智联由中国汽车工程学会、中国汽车工业协会及中国智能网联汽车产业创新联盟共同发起筹建，成立于 2018 年 3 月 19 日，注册地址为北京市经济技术开发区，注册资本 9 亿元。截至 2019 年 10 月，国汽智联已经拥有 18 家股东单位（图 1-25），来自整车制造、零部件、信息通信等行业领域。

图 1-25　国汽智联股东单位

创新中心将聚焦行驶环境融合感知、智能网联决策控制、复杂系统重构设计、智能网联安全与多模式测试评价等四个关键共性技术研发方向，为不同企业产品研发提供跨领域的研发共性交叉基础模块、中间组件和通用平台，以及相关标准，开展技术转移扩散、首次商业化应用及创新公共服务，致力于实现信息通信企业与中国品牌整车及零部件企业的跨界合作，弥补我国在车载计算芯片、传感器、操作系统等方面的短板，提升汽车产业与信息通信、交通、人工智能等相关产业的协同创新能力，在战略支撑、标准法规、研发能力、产业服务、人才培育等方面全面提升我国智能网联汽车产业领域的核心竞争力。

(6) 车企纷纷发布智能网联汽车规划，PA 级车辆陆续量产

国内众多车企纷纷发布了智能网联汽车发展计划（图 1–26），制定了各级别技术落地时间表，全力开展智能网联汽车核心技术的研发。中国一汽发布了"旗偲计划"，北汽集团发布"海豚+"计划，东风汽车发布了"五化"技术路线规划，广汽集团制定"GIVA 计划"、研发"Adigo 系统"，长安汽车制定"北斗天枢"智能化战略，吉利汽车制定"G-Pilot"战略，上汽集团制定"新四化"战略，比亚迪汽车计划打造"D++生态圈"。

iRflag 旗偲计划
- 2019 年推出实现 L3 级自动驾驶的量产车型
- 2020 年推出实现 L4 级自动驾驶的量产车型
- 2025 年将实现 L5 级自动驾驶

"海豚+"战略
- 到 2022 年，北汽集团将力争实现所有产品具备智能驾驶和智能互联功能

"五化"技术路线规划
- 2019 年实现智能驾驶 L2+AVP+AR+HuD
- 2020 年实现极致体验的智能驾驶人机交互
- 打造无人驾驶小型载客汽车（小巴）

GIVA 计划与 Adigo 系统
- 向全球有志于智能驾驶研发的机构、团队以及个人开放广汽智能驾驶平台架构
- 新能源旗舰 AionLX 搭载 Adigo 系统（L3 级）

北斗天枢智能化战略
- 预计 2020 年全部车辆将具备辅助驾驶和网联功能，同时推出 L3 级自动驾驶量产车型
- 2025 年推出完全无人驾驶

G-Pilo 战略
- 2020 年实现 L3 级自动驾驶
- 2022 年杭州亚运会推出 L5 级接驳车
- 发布"爬行者智能系统"，实现自主泊车

新四化
- 发布 L4 级 5G 无人驾驶概念车 Vision
- 发布 MAR VEL X Pro，达到 L3 级自动驾驶水平，具备自主泊车功能

打造 DH+生态圈
- 宣布与自动驾驶公司 AutoX 展开战略合作
- 比亚迪宋 PRO 配备了 L2 级自动驾驶

图 1-26 主要车企纷纷发布智能网联汽车发展战略

自主品牌的 PA 级自动驾驶汽车开始陆续量产。2018 年 2 月，长安汽车在 CS75 和 CS55 上发布 PA 级别的全自动泊车和集成式巡航功能，并于 2019 年推出远程遥控自动泊车功能。2018 年 5 月，吉利汽车发布具备 PA 级别自动驾驶功能的吉利博瑞 GE 车型；2018 年 11 月，广汽新能源发布了全新的 AION.S 车型，搭载了交通拥堵辅助、集成巡航、自动泊车等 PA 级自动驾驶技术；同年，上汽发布了具备高级辅助驾驶系统与代客泊车功能的荣威 MARVEL X；2019 年，比亚迪发布的宋 PRO 车型也搭载了 PA 级别自

动驾驶功能。此外，造车新势力拜腾、小鹏、蔚来都陆续发布了具有 PA 级自动驾驶功能的车型。

(7) 多线束激光雷达研发加速，激光雷达产品价格大幅降低

国内的禾赛科技、速腾聚创等企业纷纷推出了量产的多线激光雷达产品，产品性能直追欧美产品。禾赛科技于 2017 年 4 月推出了 40 线激光雷达 Pandar40，并在 2018 年 12 月推出了具有完全抗干扰能力的升级版本 Pandar40P；2019 年 1 月推出了垂直分辨率更高的 64 线激光雷达 Pandar64。速腾聚创于 2016 年 8 月完成小型多线激光雷达 RS-LiDAR-16 样机；2017 年 4 月，RS-LiDAR-16 完成量产准备；2017 年 9 月，推出角分辨率为 0.33°的 32 线激光雷达 RS-LiDAR-32，并开始量产。

除了在高线数高性能机械式激光雷达发展上的突破，国内激光雷达在固态激光雷达的开发上也取得了一定的进展。禾赛科技于 2017 年 12 月推出了固态激光雷达解决方案 PandarGT，并在 2019 年 1 月发布 PandarGT 3.0，高速振镜系统以及高性能光纤激光器均为自主研制。速腾聚创于 2017 年 10 月推出了固态激光雷达 RS-LiDAR-M1Pre，并在 2018 CES 进行了公开演示。

此外，随着国内激光雷达的研发加速，改变了全球市场竞争格局，国外激光雷达产品价格大幅降低，国外主流品牌的 16 线到 32 线激光雷达价格降至 1 万 ~3 万元人民币。

(8) 自主化智能网联汽车数字化解决方案逐渐成形

2019 年 4 月，华为在上海车展上发布了华为数字汽车化解决方案（图 1-27），包括云服务、智能驾驶、智能网联、智能互联和智能能源等。华为明确了企业战略选择，表示"华为不造车，聚焦 ICT 技术，帮助车企造好车"，致力于成为面向智能网联汽车的增量部件供应商。

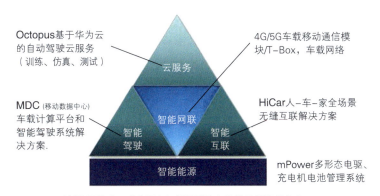

图 1-27 华为发布汽车数字化解决方案

2019 年 9 月 18 日，华为在全联接大会上发布 L4 级全栈智能驾驶解决方案。在芯片方面，采用自研高算力自动驾驶 SoC 芯片，实现多路传感器数据的高性能处理和复杂规控决

策；在算法方面，全面采用自研核心算法，针对我国城区道路、高速道路、市区泊车等复杂驾驶场景持续进行优化；在数据方面，通过与车企伙伴联合建立大规模路测车队，持续累积丰富场景路测数据，驱动系统持续闭环迭代优化。华为 L4 级全栈智能驾驶解决方案全面整合芯片、算法、数据等多层面能力，支持灵活的功能特性组合，满足 L2～L4 的演进需求，面向自动驾驶系统的规模化量产。

(9) 自动驾驶计算平台研制取得重要进展

自动驾驶计算平台是智能网联汽车的核心技术，基于自动驾驶计算平台有望建立新一代产业格局，整车企业、科技巨头都对这个领域进行大规模投入，国内代表厂商有地平线、华为、黑芝麻等，并且取得了重要进展。

地平线公司推出的 Matrix 计算平台（图 1-28），利用 AI 加速 IP 最大化嵌入式 AI 计算性能，可支持激光雷达、毫米波雷达的接入和多传感器融合，已经成功实现大规模商业化。目前，地平线公司又推出 Matrix 升级版，基于地平线 BPU2.0 处理器架构，能够为 CA 和 HA 级别的自动驾驶提供高性能的感知系统，目前已向世界顶级自动驾驶厂商大规模供货。

图 1-28 地平线 Matrix 计算平台发展路径

华为在自研 AI 芯片昇腾的基础之上打造出 MDC 计算平台，已经取得多方测试合作。搭载华为 MDC 的奥迪 Q7 汽车已经开始在国内开展自动驾驶道路测试，另外，华为也已分别与一汽红旗、东风汽车、苏州金龙、新石器、山东浩睿智能等多家车企和伙伴达成合作。

华为 MDC 平台具有一定技术优势：具备高计算性能，最高可提供 352TOPS 的算力，满足 HA 级别的自动驾驶需求；具备高安全和高可靠性能，端到端的冗余备份设计，规避单点故障；支持 -40～85℃ 的环境温度，可应对苛刻外部环境；遵从业界车规级可靠性与功能安全等级（如 ISO 26262 的 ASIL D 级）要求；具备端到端 1TOPS/W 的高能效，远超业界 0.6TOPS/W[①]平均技术水平；具备低时延，底层硬件平台搭载实时操作系统，高效的底层软硬件一体化优化，内核调度时延低于 10μs，机器人操作系统（ROS）内部节点通信时延小于 1ms，为客户的端到端自动驾驶带来小于 200ms 的低时延。MDC 平台的诸多技术优势提升了车辆自动驾驶过程中的安全性。

在自动驾驶计算平台快速发展的同时，配套工具链体系也得到完整发展。深鉴科技研发出了深度学习开发工具包 DNNDK，可对标英伟达深度学习开发工具包 TensorRT。DNNDK 提供全自动的压缩与对编译工具链等流程的支持，涵盖了神经网络推理阶段从模型压缩、异构编程、编译到部署运行的全流程支持，帮助深度学习算法工程师和软件开发工程师实现 AI 计算负载的加速。地平线公司也推出了全栈感知软件和全栈工具链，通过算法、计算构架以及工具链的协同，地平线公司使其 BPU 处理器能够提供比 GPU 高 30 倍的性能。

（10）高精度地图领域政产学研多方联动，支撑商业化应用突破

1）地图测绘资质适度放开。2019 年 5 月，自然资源部发布《测绘资质管理办法（征求意见稿）》，征求意见稿降低了导航电子地图甲级资质对企业注册测绘师、测绘设备等的要求。同时，征求意见稿允许企业直接申请甲级资质，而根据现行要求，初次申请导航电子地图资质不得超过乙级，而且必须在过去两年内有 16000 万元以上的相关合同业务。2019 年 9 月，北京市与自然资源部、工信部签署合作协议，正式启动车联网、智能网联汽车和自动驾驶地图应用试点工作，将在部分有条件区域进行审图方式适度放开、创新加密技术应用等先行探索。

2）具备甲级资质企业数量快速增长。截至 2019 年 7 月，我国共有 20 家企事业单位具备导航电子地图甲级测绘资质。原国家测绘地理信息局于 2001 年给四维图新颁发第一张资质，2009—2016 年期间，仅给江苏省基础地理信息中心和武汉光庭颁发了资质，资质颁发基本停滞。2017 年起资质审核适度放开，2017 年 10 月~2019 年 7 月，为滴滴、中海庭、Momenta、宽凳智云、江苏晶众、智途科技、华为 7 家企业颁发资质，地图测绘资质适度放开，并实现对初创公司的放开。

3）高精度地图实现商业化试点应用。2018 年，在高德的高精地图支撑下，凯迪拉克的 Super Cruise 系统开始在我国应用，已装备在国内销售的量产车上。标志着汽车首次使用高精地图来实现电子围栏的功能，也首次在车辆控制当中使用了地图提供的信息，在高精度地图和自动驾驶发展历程中具有重要意义。

2. 实现《路线图》目标存在的挑战

经过近几年的快速发展，我国智能网联汽车产业取得快速发展，在核心零部件与系统集成、信息交互、基础设施建设、高精度地图、测试区建设、人工智能技术等方面均有一

---

① TOPS/W 用于度量在 1W 功耗的情况下，处理器能进行多少万亿次操作。

定突破，特别是在车路协同方面已经形成鲜明的中国特色。但需要清醒看到的是，在我国智能网联汽车产业化发展过程当中，尚存在着一系列的挑战，既有与其他国家相似的困境，也有中国特殊的挑战，并集中表现在以下方面：

（1）国家层面战略规划尚未形成，跨部门协同机制仍需探索

我国相关政府部门虽然从各自管理角度出台过智能网联汽车发展规划，但目前尚未从国家层面形成统一战略，缺乏跨部门统筹协调，没有系统的国家重大工程项目支撑。

从产业协同推动来看，智能网联汽车涉及汽车、通信、交通、安全等多个领域，亟须从国家层面形成统一的智能网联汽车战略规划，聚集各界资源协同攻关，在顶层架构下实施相关技术的研究开发、测试验证和示范运行，从而推动智能网联汽车、智能交通体系和智慧城市系统的整体高速发展。

从关键技术攻关来看，智能网联汽车涉及车联网通信技术、基础软件与计算平台技术、高精度地图与定位技术、信息安全技术以及道路交通基础设施之间的交互和协作，需要汽车、交通、通信、电子、测绘等多行业多学科技术协同创新，共同推进智能网联汽车在技术、产品、用户体验、应用场景、商业模式等多方面的发展。

从示范项目验证来看，智能网联汽车需要覆盖典型地域范围内的国家重点示范项目支撑。近年来，美国、欧洲多国以及日本均借助国际项目、重大赛事等机会，开展多种类、跨区域的示范项目，以期实现政策法规支撑条件的完善、车辆智能化和设施网联化水平的评估、跨领域利益相关者之间的协调等目标，推进向着更加成熟的产业化和商业化方向发展。在我国，虽然开展了一些局部跨整车、跨芯片的 V2X 测试验证，北京市也在筹备冬季奥运会自动驾驶演示，但还未有城市级大规模的示范验证，也尚未形成类似新能源汽车"十城千辆"的国家级示范工程。

（2）整车集成和关键零部件产业链尚不完整，核心技术积累不足

智能网联汽车产业链长，同时涉及多产业交叉融合，对产业供给能力提出极高要求。总体来看，我国产业链布局尚不完善，特别是在核心技术节点的供给不足，难以满足产业发展需要。智能网联汽车作为高新技术应用的载体，要推动产业的发展，亟待相关领域的技术突破，加速核心技术积累。

在核心技术方面，我国在信息通信、高精度地图、高精度定位等方面发展与国际基本保持同步，但也有多个领域差距明显。比如：集成电路、操作系统、计算芯片等产业链核心环节缺失，尚存在技术短板；高性能传感器虽然产品种类繁多，但在产品核心技术方面与国外还存在较大差距，高端产品与核心元器件多依赖于进口；线控底盘、人工智能算法、信息安全等领域核心技术积累不足，研发投入比例偏低。

在整车系统集成与应用方面，辅助自动驾驶产品存在短板，高度自动驾驶汽车尚未产业化。搭载 PA 级辅助驾驶系统的自主品牌量产车型不断涌现，但其辅助驾驶系统核心部件多来源于国外供应商，国内相关技术和产品水平良莠不齐，多数仍处于样机阶

段，数据积累有限，尚不具备与国际品牌直接竞争的实力，汽车电子稳定控制系统（ESC）、防抱死制动系统（ABS）等执行机构的短板无法回避。与此同时，高级别自动驾驶仍然处于测试示范阶段，尚不具备商业化能力。

(3) 法规标准有待健全，责任认定和保险保障政策缺失

现阶段，在自动驾驶技术测试验证、示范应用和商业化运营方面，我国相关法律和行政法规尚存在一些制约条款内容。《中华人民共和国道路交通安全法》《中华人民共和国公路法》《中华人民共和国保险法》等存在不涉及降低自动驾驶要求方面的内容，《中华人民共和国网络安全法》《中华人民共和国测绘法》《中华人民共和国标准化法》等存在不适用于自动驾驶技术产业化的相关内容。此外，跨部门的协同法律制定机制尚未形成，部门间协同不足。同时，自动驾驶汽车在高速公路测试受法规限制，高精度地图和定位也受到偏转插件、地理信息表达等方面的限制。而在车辆数据安全和隐私权保护、信息侵权责任、安全保障、产品责任、行政责任，以及刑事责任的主体和内容认定等问题上，依然存在部分法律问题。

与此同时，我国智能网联汽车相关标准尚处于建设初期，汽车强制性标准也有部分内容与自动驾驶相关技术产生了矛盾。《国家车联网产业标准体系建设指南》规划的标准尚在研究制定中，标准制定速度难以满足产业快速发展的需求。智能网联汽车的国家技术标准和团体标准尚未形成有效互补。

针对当前自动驾驶技术所引发的法律问题，世界各国纷纷在原有法律框架的基础上，结合当地科技、经济以及社会发展的实际状况，在自动驾驶领域通过各自不同的方式进行立法制修订与部署实践。目前未出台对于自动驾驶交通事故责任认定的法律依据，相应的保险产品和政策缺失。

(4) 智能路网基础设施建设投资大，回报周期长

智能网联汽车产业突破传统的汽车产业范畴，需要人、车、路、云、网、图等互联与协同发展，道路交通、信息通信、数据云平台等方面的基础设施有待加大投入建设。在基础设施信息化数字化升级方面，虽然已经取得长足的发展，但也面临着需要跨部门协调、跨产业协同、建设投资大、周期长，投资主体不明确等问题，没有形成有效的商业模式，影响建设进度，并形成智能网联汽车商业化运营的挑战。

要满足自动驾驶技术应用，道路交通基础设施需要在智能化和网联化方面批量部署。一方面，为满足城市级技术应用，需要智能路测感知设备以及配套设施、道路交通标志标线、交通信号灯等基础设施加大规范建设；另一方面，道路交通上的各类硬件设施要不断提高联网率，从而满足城市级智能网联汽车应用示范与批量验证的需求。

其次，需加快建设智能化基础设施网络、无线通信网络、高精度位置服务网络等各类基础设施网络。规模部署 C-V2X 网络、路侧通信单元，在全国一些重点区域加强交通设施车联网功能改造和核心系统能力提升，不断丰富车联网应用场景。以上建设的投入将很大，建设周期也较长。

此外，由于作为联网终端的车辆会传输大量数据，安全存储车辆相关数据亟需构建数据云平台基础设施。未来，智能网联汽车的普及与使用必然会催生出海量的车辆运行、交通环境等基础数据。高效、安全、有序地构建云平台基础设施，是推动智能网联汽车技术研发与安全运行、高精度地图构建、交通协同管理、出行应用服务的前提与保障。

（五）动力电池

1. 面向达成《路线图》目标的标志性进展

动力电池是电动汽车的核心零部件，其技术发展水平直接影响汽车电动化转型升级进程。随着整车层面对电动汽车的整备质量、整车安全以及续驶里程等与动力电池性能密切相关的指标提出越来越高的要求，动力电池领域将进一步加大新材料的应用、新型动力电池的研发，提升动力电池产品的整体性能。未来，动力电池上下游产业链融合和国际化合作将成为行业发展的重要方向。

目前，国内量产的磷酸铁锂材料单体电池质量能量密度达190W·h/kg，三元材料单体电池质量能量密度达到280W·h/kg，动力电池系统成本下降到（1.0±0.2）元/(W·h)。对标《路线图》中对动力电池提出的2020年关键指标，目前动力电池性能指标仍有一定差距，主要指标的目标实现程度及国际比较见表1-10。

表1-10 动力电池主要指标的目标实现程度及国际比较

领域		《路线图》2020年关键指标	目前国内进展	目前国际现状
质量能量密度/(W·h/kg)	单体	350	三元：280 磷酸铁锂：190	日、韩以三元材料的动力电池为主，能量密度和循环寿命与国内持平
	系统	250	三元：180 磷酸铁锂：140	
循环寿命/次	单体	4000	三元：2000 磷酸铁锂：4000	
	系统	3000	三元：1200 磷酸铁锂：3000	
价格/[元/(W·h)]	单体	0.6	0.6~0.8	略高于我国国内价格
	系统	1.0	0.8~1.2	

(1) 量产三元材料单体电池质量能量密度达275W·h/kg，磷酸铁锂材料达190W·h/kg，快充型动力电池质量能量密度达150W·h/kg

宁德时代新能源科技股份有限公司开发的软包三元材料动力电池质量能量密度为275W·h/kg。该电池采用了比容量达201mA·h/g的高镍三元正极材料和比容量达

355mA·h/g的高能量石墨负极材料,并使用了抗氧化正极添加剂和高稳定负极成膜添加剂,有效解决了高镍三元正极在循环过程中的稳定性问题。电池容量为66A·h,常温循环性能超过1500次,单体电池具体技术参数见表1-11。

表1-11 宁德时代软包三元材料电池技术参数

项目		技术参数
标称容量/A·h		66
标称电压/V		3.67
使用温度/℃	充电	-10~50
	放电	-25~50
质量能量密度/(W·h/kg)		275
体积能量密度/(W·h/L)		550
循环寿命(常温1C充放@80%容量)/次		1500

合肥国轩高科动力能源有限公司(简称国轩高科)开发的圆柱铝壳磷酸铁锂材料动力电池质量能量密度达到190W·h/kg。该电池采用了国轩高科自主研发的高压实高容量磷酸铁锂正极材料和高容量高首效高压实的石墨负极材料。首先,通过化学体系重新优选及极片升级设计,在保证极片加工性能及导电性能的前提下,调整活性物质配比、优化电极材料单位面积容量比、提高极片面密度,增加极片压实、涂覆尺寸和极耳尺寸,实验验证了配方可靠性、极片加工性、电芯电性能及安全性能;其次,进行了结构件轻量化设计与验证,从而实现长寿命高比能磷酸铁锂电池的开发目标。目前已经批量生产,单体电池具体技术参数见表1-12。

表1-12 国轩高科圆柱铝壳磷酸铁锂电池技术参数

项目		技术参数
标称容量/A·h		15
标称电压/V		3.2
使用温度/℃	充电	0~55
	放电	-30~60
质量能量密度/(W·h/kg)		190
体积能量密度/(W·h/L)		420
循环寿命(常温1C充放@80%容量)/次		2500

荣盛盟固利新能源科技有限公司(简称盟固利)最新开发的快充型动力电池质量能量密度达到150W·h/kg,比功率达到4000W/kg以上,常温下可支持5C快充。盟固利对电池从正负极材料设计、电极构建、工艺设计等方面进行了优化与改进,并结合模拟仿真与试验数据进行全面论证。通过对正极材料和负极材料颗粒表面修饰降低界面阻抗,提高界面稳定性,实现功率和寿命同时提升;引入低阻抗涂层隔膜,降低电极间欧姆阻抗的同时

保证电池安全性；优化多孔电极结构，构建三维导电网络，进一步提升电池一致性和耐久性。常温下 30%~80% SOC 区间内，5C 充放电循环 12000 次，容量保持率仍在 80% 以上，目前已经通过强检，并实现量产，单体电池具体技术参数见表 1-13。

表 1-13 盟固利 5C 快充动力电池技术参数

项目		技术参数
标称容量/A·h		25
标称电压/V		3.68
使用温度/°C	充电	-20~55
	放电	-30~55
质量能量密度/(W·h/kg)		150
质量功率密度/(W/kg)		4000
循环寿命（常温 1C 充放@80% 容量）/次		6000

（2）在验证的高比能单体电池质量能量密度达到 300W·h/kg

天津力神电池股份有限公司（简称天津力神）最新开发的软包动力电池质量能量密度达到 300W·h/kg。该电池的正极材料为高镍三元材料，负极材料为含硅氧化物（SiO_x）的石墨复合物，运用了弹性导电网络技术，降低了硅负极材料因充放电膨胀收缩而出现电失触的风险，有效地改善了硅负极材料的循环性能；同时通过体相掺杂、包覆等复合技术，提高了正极材料晶体结构及界面稳定性，降低了副反应，增加了电池的循环寿命及日历寿命。该电池常温下 1C 充放电循环 1294 次，容量保持率为 83.3%，趋势可达 1500 次；45℃下 0.5C 充/1C 充放电循环 986 次，容量保持率为 81.9%，趋势可达 1000 次，如图 1-29 所示。60℃下存储 30 天，可逆回复容量为 95.1%；3C 大倍率放电容量为额定容量

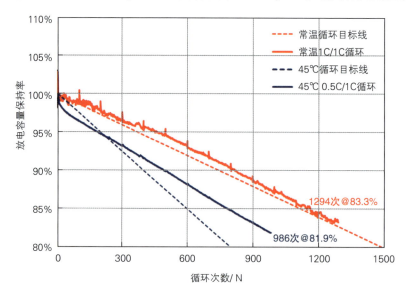

图 1-29 天津力神 300W·h/kg 单体电池循环性能

的92%；-20℃下可放电容量为83.6%；0℃下容量保持率为20%时仍具有600W放电10s的大功率放电能力；同时具有30min从0%SOC充至80%SOC的快速充电能力。目前已在高质量能量密度车用电池系统等项目中进行了应用测试，预计2020年量产。

宁德时代新能源科技股份有限公司最新开发的软包动力电池质量能量密度达到300W·h/kg，电池容量达65.9A·h，常温循环性能达1500次，单体电池具体技术参数见表1-14。正极材料为比容量超过206mA·h/g的高镍三元材料，负极材料为比容量达600mA·h/g的硅碳材料。通过三元前躯体形貌和制备工艺的优化，结合化学组分和体相、表面结构调控，有效提高了正极材料的能量密度和循环寿命；通过前驱体优化和人造SEI膜的包覆，结合自主开发的阳极预锂化工艺，提高了硅碳负极材料的首次库仑效率，提高了循环的稳定性。通过络合型、抗氧化正极添加剂和高韧性负极成膜添加剂的开发，有效解决了高镍三元正极和硅碳负极的循环稳定性问题，预计2020年量产。

表1-14 宁德时代300W·h/kg单体电池技术参数

项目		技术参数
标称容量/A·h		65.9
标称电压/V		3.65
使用温度/℃	充电	-20~55
	放电	-30~55
质量能量密度/(W·h/kg)		304
体积能量密度/(W·h/L)		710
循环寿命（常温1C充放@80%容量）/次		1500

（3）正极材料O2型结构富锂固溶体比容量达400mA·h/g

北京大学采用离子交换法制备出了新型的O2结构富锂材料。利用离子交换法制成的新型O2结构富锂材料，放电比容量高达400mA·h/g，质量能量密度达到1360W·h/kg，首次效率高达99.5%。

由于Li_2MnO_3在O2结构中是单层分布，而不是像在传统的O3结构富锂材料中呈现区域性分布，分散得更均匀，如图1-30所示。这种结构改变了氧的氧化还原过程，抑制了O-O二聚体的形成，同时抑制了锰元素的迁移，从而在循环过程中结构非常稳定，基本不发生电压衰降，见图1-31。这一发现为实现更高能量密度的电池体系提供可能。目前这种O2结构的富锂材料的制备方法主要采用离子交换法，仍存在工艺放大的问题，北京大学正着力研究解决该材料的放大制备工艺和设备问题，争取实现产业化。

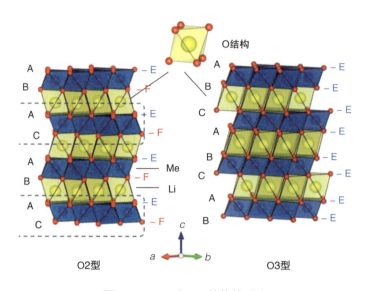

图1-30 O2和O3结构的对比

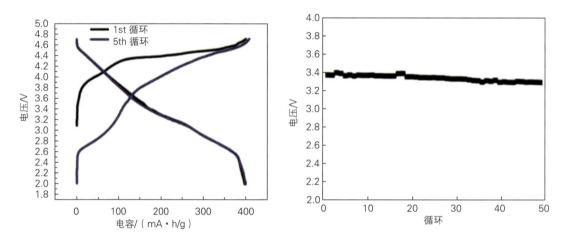

图1-31 O2结构材料的充放电曲线和平均放电电压循环图

(4) 高容量负极材料氧化亚硅比容量达到1600mA·h/g

贝特瑞新材料集团股份有限公司开发的高容量氧化亚硅负极材料在动力电池领域实现商业化应用,比容量为1600mA·h/g,为石墨材料容量的4倍以上,通过动态回转炉实现氧化亚硅表面完整的CVD碳包覆,改变硅基材料在电解液中的界面稳定性,解决循环性能差的难题。通过碳包覆有效提升了氧化亚硅材料的电导率;通过粒度优化以及热处理技术,缓解硅基材料膨胀的难题,同时有效提升材料的容量和首次库仑效率;氧化亚硅与石墨材料的匹配,解决了硅基负极的循环和膨胀问题;促成了软包动力电池单体质量能量密度300 W·h/kg目标的实现,满足长续驶里程电动汽车发展的需求。氧化亚硅/石墨复合材料评价结果见表1-15。

表 1-15 贝特瑞氧化亚硅/石墨复合材料评价结果

测试样品	测试项目	测试结果
氧化亚硅纯品	比容量/(mA·h/g)	≈1600
	首次库仑效率（%）	76.4
氧化亚硅石墨复合品	比容量/(mA·h/g)	423
	首次库仑效率（%）	91.1
	比表面积/(m^2/g)	1.0
	振实密度/(g/cm^3)	1.0
	粒度 d50/μm	17.6

（5）高破膜温度隔膜与固态电解质隔膜取得商业化进展

金力新能源科技股份有限公司实现了耐高温锂离子电池隔膜的量产上市。当电池在内外部环境影响下温度上升到135℃左右时，聚乙烯（PE）层会闭孔，150℃左右 PE 层熔融破膜，完全失去了阻隔正负极的作用，电池加速失效；该产品主要通过芳纶涂层对 PE 膜进行表面改性，大幅提升隔膜的破膜温度，在较高温度下，隔膜持续阻断正负极直接接触，从而提高电池的热安全性。

金力新能源科技股份有限公司，采用以固态电解质与传统 PE 隔膜相结合的方式，以超薄（3~5μm）高强（超过 3000MPa）PE 膜作为载体，开发出商用化固态电解质隔膜（图 1-32），具有双面涂覆可粘接性，可与正负极粘接，解决了以下问题：①PE 层提供足够高的机械强度，隔膜/电解质/电池的连续可加工性；②保留隔膜/电解质层的较低温度闭孔阻断作用；③大幅降低电解质的材料成本和加工成本；④逐步提升整个电解质层的离子电导率。

图 1-32 金力新能源科技股份有限公司固态电解质隔膜

(6) 动力电池低温快速加热技术的温升速率达到 8℃/min

荣盛盟固利新能源科技有限公司与美国宾夕法尼亚州立大学合作开发电动车电池低温快速加热技术，其核心是电池内置高功率金属加热片（Ni），通过连接电池与加热片使其快速发热，短时间内电池被快速加热到最佳工作温度。电池加热后即可在低温环境下进行充电或行车，且利用电池工作时的自发热保持自身温度不降低，解决锂离子动力电池低温时续驶里程短、动力性差、充电慢等瓶颈问题。该方案采用物理加热方法，对电池寿命影响小，且加热过程不依赖外部设备。该技术利用了法向方向（电池厚度方向）传热距离短的优势以及大功率加热片设计实现电池快速加热，加热时电池内温差小于 6℃。通过设计单体电池结构和电池系统加热回路，实现多模式加热和加热速率连续可调，以适应不同温度、不同 SOC 状态下的加热方式。同时开发了低温下利用充电机和加热回路给电池快速加热的技术，使电池系统在全 SOC 范围内都可实现低温快速加热。

目前，研发的快速加热功能的锂离子动力电池系统，可在 -40℃ 超低环境温度下正常运行，电池自加热速度最高达到 8℃/min，自加热每升温 10℃ 耗电量不大于 1.8% 的额定电量，-20℃ 环境下加热 5min 后电池放电电量达到常温能量 90% 以上，加热后的电动车在低温环境下可实现 1C 充电，如图 1-33 所示。该技术已经在纯电动乘用车和商用车上应用，实验车辆已经进行了两年的冬季标定测试，正在开发验证用于 2022 年冬奥会上应用的新能源车型的电池系统。

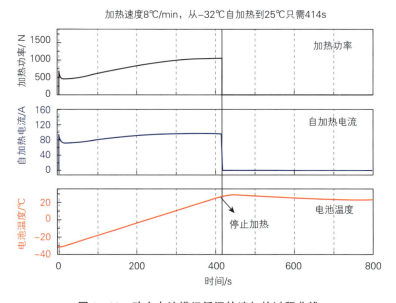

图 1-33 动力电池模组低温快速加热过程曲线

(7) 基于大数据的动力电池健康状态估计方法、安全预警技术取得重要进展

北京理工大学依托新能源汽车国家大数据平台运行数据，运用高斯滤波、稳健回归、$3\sigma^-$ 多层次筛选等技术实现数据清洗和预处理，有效降低了数据噪声，结合卡尔曼滤波、遗传算法等挖掘实车数据内涵,并对动力电池系统进行建模。利用容量增量法(ICA)等对动力电池系统衰退情况进行表征,提取电动汽车行驶里程、充放电温度、电流等电池老化相关因素,构建人工神经网络回归预测模型,初步实现基于实车数据的动力电池系统健康状态分析研究与在线估计,预测精度达到96%。

构建涵盖新能源汽车动静数据的事故车辆案例库,比对分析不同故障情景下的电压、温度、电流、绝缘阻值等关键参数的单一表征与耦合特性,实现"值—率—模型"串行故障诊断机制;如图1-34在值率环节,借助阈值与多重校准准则来快速识别电池异常状态;提出了多种安全预警模型:①基于$3\sigma^-$多层次筛选算法,分析了新能源汽车电池系统正常与故障状态下离群点规律差异性,实现了大数据架构下动力电池异常电芯的诊断与筛选;②结合新能源汽车长时间检测动力电池的电压、温度数据,基于滑窗的熵值算法来凸显电压或温度微小波动,利用Z-score算法实现电池安全的分级预警策略,如图1-35所示;③利用熵权重法对电压标准差、电压极差、温度标准差指标自动赋权,获取的各时刻电池一致性评分与电压数据相融合形成特征向量,实现基于角度方差方法的异常电池单体预测;④引入气温、湿度等气候条件因子,采用长短时记忆神经网络(LSTM)对电池系统电压、温度和SOC等多参数进行精确预测,实现电压安全性实时评估、异常或故障的早期预警,减小电池故障和热失控发生的风险。

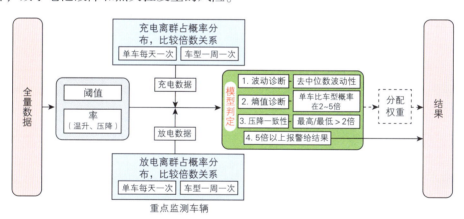

图1-34 新能源汽车安全评估与预警技术体系

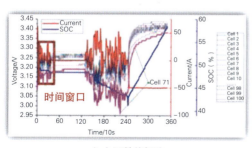

a)电压数值提取

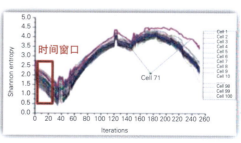

b)计算改进香农熵

图1-35 熵值故障诊断法

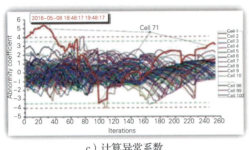
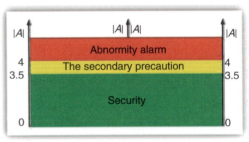

c) 计算异常系数　　　　　　　　　　d) 制定评价策略

图 1-35　熵值故障诊断法（续）

（8）动力电池热失控热扩散测试方法研究走在世界前列

中国作为世界车辆法规协调论坛（WP29）框架下 EVS 工作组的副主席国家，长期积极参与电动汽车安全全球技术法规（EVS-GTR）的制定工作。前期，由中国、美国、欧盟和日本共同牵头制定的 EVS-GTR，在联合国世界车辆协调论坛（WP29）第 174 次会议上经《1998 年协定书》缔约方投票表决通过。该法规是全球汽车技术法规体系中第一个专门针对电动汽车的安全技术法规，也是我国在参与联合国世界车辆协调论坛工作中，第一个以主要牵头国身份全程主导并深度参与完成制定的全球技术法规，表明我国在热失控及热扩散测试评价方面的工作处于全球领先的地位。

中国汽车技术研究中心有限公司作为中方工作组秘书处单位，组织中方团队针对动力电池热失控涉及的技术问题开展试验验证和仿真分析工作，并在全球率先提出热扩散测试方法提案，并组织开展持续研究。在该项工作中，以验证动力电池系统或者整车应对单个或多个电池单体发生热失控的能力为目的，系统提出了制定热扩散测试方法需要解决的关键问题以及每一个关键问题的解决思路，如图 1-36 所示。并在判定动力电池系统是否通

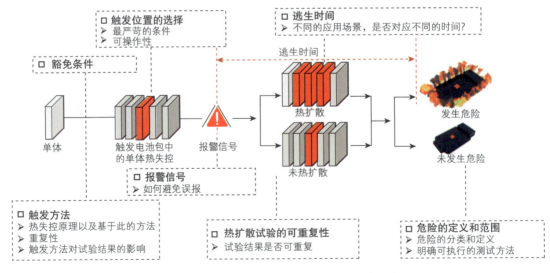

图 1-36　热扩散测试方法关键问题和解决思路

过热失控及热扩散测试方面建立了详细的评价体系，包括加热、针刺、过充电等不同诱因是否能够触发电池单体热失控，触发热失控后是否发生系统热扩展，发生热扩展后的危害判定以及从热失控报警到电池起火的时间等。

2. 实现《路线图》存在的挑战

在动力电池技术路线图中，纯电动汽车用动力电池 2020 年的目标是：单体电池质量能量密度达到 350W·h/kg，系统质量能量密度达到 250W·h/kg，系统循环寿命达到 3000 次。从目前的调研情况看，达到以上目标存在一定困难，表现在以下几方面：

（1）动力电池安全技术需逐步提升

在新能源汽车低成本、轻量化、长续驶、可快充、高功率等的要求下，动力电池安全所遇到的挑战越来越大，动力电池安全已然成为全行业的关注点。因此，在提升能量密度的同时，动力电池的安全防控能力需要达到同步水平，这需要动力电池安全技术的逐步积累以及迭代进步。

（2）突破性、低成本的动力电池关键材料及制备工艺技术有待提升

目前，质量能量密度达 350W·h/kg 单体电池可以由高克容量正极材料和高首效的硅基负极材料以及采用负极补锂工艺在实验室制备，但以上关键材料的制备及工艺成本高。同时，动力电池关键材料所取得的进展主要是在原有的化学体系基础上进行改善提升，在新材料的开发应用以及量产化上未有显著突破，比如高克容量富锂正极材料的开发应用、高克容量非石墨体系负极材料的应用、国产隔膜和电解液的研发应用等。建议加大推进先进材料的研发及产业化。

（3）动力电池高能量密度与长循环寿命平衡难度大

动力电池超长寿命设计一定程度上会损失电池的能量密度，同时造成成本的上升，该成本上升不仅是电池级别的成本上升，相应的模组、电池包等的机械件和电子电气件的设计也必须要满足此超长寿命设计，导致整体成本上升。因此，动力电池高能量密度、长循环寿命、低成本三者同时具备难度较大。

（4）先进电芯制造、质量控制技术有待提升

随着动力电池行业的快速发展，锂离子电池生产设备从匀浆、分切、注液、装配到化成等设备均实现了国产化。基于动力电池的生产控制要求，国产设备在控制精度、一致性和可靠性等方面与日韩相比还存在一定差距，且在生产效率和自动化方面还有进步的空间。建议加大动力电池设备研发的投入。

（六）轻量化

1. 面向达成《路线图》目标的国内标志性进展

2019 年，我国高强度钢、高性能铝合金等轻量化技术发展较快，针对《路线图》中 2020 年轻量化的阶段目标，其主要指标的实现程度与国际水平的对比见表 1-16：

表 1-16　汽车轻量化主要指标的目标实现程度及国际水平对比

《路线图》2020 年关键指标		国内进展	国际现状
总体目标	相对 2015 年，整车轻量化减重 10%	依据工信部发布数据，国内车型平均重量增加年均 20kg 左右；依据汽车企业提供数据，同类车型减重达到 8%~10%，如江淮汽车	对比分析欧洲及日本等典型车型，新开发车型相对以前基本实现减重 10% 的目标（包括配置增加增重）
高强度钢	强度 600MPa 以上的高强钢应用要达到 50%	国内新开发的车型，部分车型高强度钢达到 70% 以上，其中 600MPa 以上高强度钢应用在 30% 以上，部分车型实现了 50% 以上，如长城汽车的 VV7	福特、奥迪、沃尔沃等车型高强度钢达到 50% 以上，部分车型 70% 以上，但 600MPa 以上高强钢应用在 30% 以上，没有达到 50%
铝合金	单车用铝量达到 190kg	2019 年上市和新开发车型，铝合金用量逐年增加，2020 年预计可以实现 190kg。另外，奇瑞小蚂蚁、蔚来汽车 ES6、东风汽车 E30 等采用全铝车身，均超过 190kg	在国际上，单车用铝合金在 190kg 以上车型较多，主要是欧洲和美国的汽车企业，日本、韩国汽车企业铝合金用量相对较低
镁合金	单车用镁量达到 15kg	从 2019 年新上市车型分析，2020 年单车镁合金用量在 15kg 无法实现，尽管镁合金方向盘骨架、仪表板骨架等选用镁合金，相对用量还是较少	2020 年，按照美国 CAR（Center for Automotive Research）提供数据，美国典型车型用镁合金占车身 4%，单车镁合金在 12~16kg
碳纤维	碳纤维有一定使用量，成本比 2015 年降低 50%	国内碳纤维已经在蔚来汽车 ES6、前途 K50 等车型上应用，其采用工艺 HP-RTM 及湿压成形，成本较高，但轻量化联盟组织行业开展低成本碳纤维复合材料开发，工艺成本已降低 50%，低成本材料正在开发中	日本、欧洲、美国等汽车企业碳纤维复合材料已经在汽车上规模化应用，同时，日本等也在开发热塑性碳纤维复合材料及其产业化成套技术，相对 HP-RTM 工艺，成本可以降低 50% 以上

随着我国汽车轻量化技术研究进入"深水区",研究工作正在逐渐深入。2019 年有多项轻量化技术取得重要进展,部分技术实现了国际上重大突破,如乘用车整车轻量化系数计算方法、高韧性 Al-Si 镀层技术、铝硅镀层热成形钢焊接技术、低密度轻质双相钢、混合纤维混编结构设计等技术发展为产业化提供基础理论和数据支持,其中标志性进展如下:

(1)《乘用车整车轻量化系数计算方法》(CSAE 115—2019)正式发布

2019 年 10 月,由奇瑞汽车牵头,与国内 10 多家参加单位共同研究的乘用车整车轻量化系数计算方法顺利通过行业专家评审,并以中国汽车工程学会团体标准正式发布,这是国际上首个乘用车整车轻量化水平评价方法。

研究人员采集了国内市场上 10 余年销售的 20000 多款乘用车数据,采用了统计学方法,经过研究人员 10 多轮技术验证,4 轮汽车行业专家审核,历时近 2 年,成功突破了名义密度、重量比功率、脚印油耗等主要指标内在规律表征的关键技术,建立了国际上首个适用于燃油车、电动汽车的 2 种车型的乘用车整车轻量化计算数学模型及算法,形成了我国燃油车、电动汽车的乘用车整车轻量化计算方法。

相对传统整车减重率的评价方法,该计算方法很好地解决了计算模型对市场销售车型结构依赖性的难题,能够真实地反映和评价出整车轻量化水平,同时,对下一步开展商用车整车轻量化评估方法与汽车轻量化技术路线选择有重要指导意义。

(2)突破了高韧性 Al-Si 镀层技术,实现全球技术引领

2019 年 5 月,由东北大学、育材堂(苏州)材料科技有限公司、马钢等单位联合开展高韧性 Al-Si 镀层术开发取得突破性进展。该项技术不仅取得了我国国家专利局授权,目前,也是成为满足通用汽车新材料标准 GMW14400 中高韧性要求的全球唯一产品,打破了铝硅镀层板在全球钢铁巨头技术垄断的格局。

该技术发明人东北大学易红亮教授带领其团队经过多年潜心研究,提出铝硅镀层和钢基体界面间高碳致脆的理论(图 1 - 37),并将这一理论转化为界面降碳韧化的产业化技

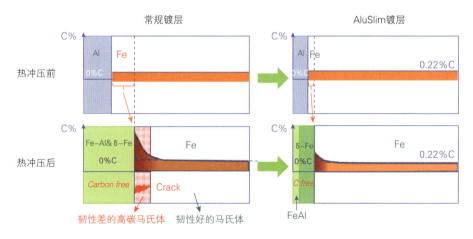

图 1 - 37　铝硅镀层和钢基体界面间高碳偏聚理论

术，研发出高韧性铝硅镀层热冲压钢 AluSlim®，突破了现有铝硅镀层技术韧性难以提高的技术瓶颈，提高了 1500MPa 级产品韧性达 20% 以上（图 1 – 38），实现了我国汽车热成形钢 Al-Si 镀层强韧化的技术领域从"0 到 1"的突破。

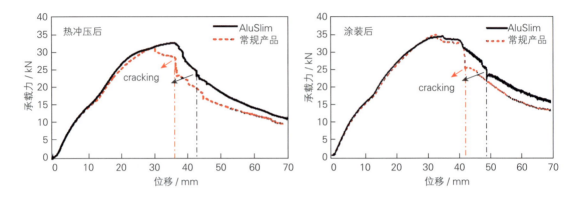

图 1 – 38 AluSlim® 高韧性镀层与常规 Al-Si 镀层产品的零件碰撞能量吸收对比曲线

2019 年 5 月，通用汽车北美总部正式对该技术进行认证，这也是国际汽车巨头对安赛乐米塔尔公司专利以外的铝硅镀层进行全球首次技术认证。该高韧性新型 Al-Si 镀层技术现已获得中国发明专利授权，形成了我国自主知识产权，也正在申请欧洲、美国、日本、韩国等国际专利。

（3）铝硅镀层热成形钢激光拼焊技术实现新突破

2019 年 4 月，宝钢发布了铝硅镀层热成形钢拼焊新技术，该项技术解决了 1500MPa 铝硅镀层热成形钢无法直接焊接的国际技术难题，提升了拼焊产品质量，提高了拼焊生产效率，实现了重大技术突破。

在焊接过程中，热成形钢的铝硅镀层会融入熔池，造成焊缝化学成分重新配比，导致焊缝的关键性能降低，严重影响了焊缝品质，制约了铝硅镀层热成形钢在拼焊领域的产业化应用。对此，中国宝钢进行专项技术研究，开发出铝硅镀层板专用焊丝及全新焊接工艺，实现了对熔池成分精准调控，建立了焊接工艺与焊缝成分、晶粒尺寸等系统控制方法，使接头性能满足热冲压行业的技术需求，有力地促进了我国铝硅镀层热成形钢的规模化应用。

（4）低密度双相钢 DP980 – LITE 在中国鞍钢实现重大突破

2019 年 7 月，鞍钢股份成功下线了我国首卷轻质双相钢 DP980 – LITE，并在鞍钢集团钢铁研究院实验室完成了性能测试，各项指标均达到设计要求。其中，伸长率优于传统的 980MPa 级双相钢，密度降低了 5%。

作为公司重大课题，鞍钢股份与东北大学、通用（中国）汽车研究院成立了"产销研"协同作战专项组。历时 3 年多，攻克了低密度双相钢成分与组织、性能调控共性关键技术，突破了双相钢中轻质合金元素带来的冶炼、连铸、轧制、退火等多道工序参数设计与协同控制的专有技术，建立了低密度钢连铸工艺与批次生产质量控制的方法，开发出国内首卷5%低密度双相钢（DP980-LITE）。

目前，我国乘用车车身用钢达到60%以上（质量比），通过该材料开发，鞍钢股份建立了我国低密度980MPa汽车钢自主开发理论与方法，为低密度汽车钢产业化奠定了基础，对推动汽车轻量化和高强度钢应用有深远影响。

(5) 纤维增强复合材料混合编织的技术突破，有利降低成本、推动轻量化发展

为了解决碳纤维增强复合材料成本高、工艺复杂的难题，北京汽车研究总院选取顶盖中横梁，开展碳纤维表面三维编织预成型技术及HP-RTM固化成型技术专题研究，实现了零部件减重了36.5%，成本降至行业平均水平的50%。

该项目结合顶盖中横梁载荷分布，分别在主承力和非主承力方向选取了高性能碳纤维材料、玻璃纤维，研究人员采取了近净成形技术，在充气芯模表面进行三维编织，表面三维编织结构示意图如图1-39所示，固化成形后形成了中空结构。通过尺寸优化设计进一步确定了等周长变尺寸的截面，最后，采用胶接与铆接混合的连接工艺，加强混合纤维增强复合材料顶盖中横梁与周边结构连接。北汽表面三维编织顶盖中横梁样件如图1-40所示。

图1-39 表面三维编织结构示意图

图1-40 北汽表面三维编织顶盖中横梁样件

借助构建新型的参数化模型，对材料性能和编织结构进行关键性能预测和产品实验验证，与金属结构相比，CFRP表面三维编织顶盖中横梁实现减重36.5%，抗压强度提升10%，抗弯强度提升60%，抗扭刚度提升10倍，有效改善了整车性能，成本大幅度降低。

2. 实现《路线图》目标存在的挑战

《路线图》实施以来，极大地促进了我国汽车轻量化发展，五年间突破了一批轻量化产业化应用关键技术，形成了多项轻量化相关的成果，但是2015年轻量化技术路线图在起草和实施过程中也存在不足。

(1) 整车轻量化目标制定过程中考虑因素不全面

统计发现，2015年起我国整车平均整备质量平均增加20kg/年左右，没有完成轻量化技术路线图中阶段目标，主要原因是：

1）汽车消费结构中 SUV 和大排量车型占比大幅度提升；

2）由于消费者对车辆智能化配置要求越来越高以及国家对车辆安全、环保和节能要求日益严格，导致车辆零件数量重量不断增多；

3）每年新能源汽车年度销量在增加，相对传统燃油车，同种类型车型，新能源汽车增重 10% 以上。

因此，在制定轻量化目标过程中，没有充分考虑上述因素，造成轻量化阶段目标制定不合理。

(2) 商用车轻量化引导不足

2015 年编写轻量化技术路线时，主要基于乘用车内外饰、车身、底盘等整车和关键系统，制定了乘用车轻量化技术路线和阶段目标，但是涉及商用车（包括货车和客车）轻量化技术路线内容较少，如典型系统和零部件轻量化技术措施，以及商用车整车轻量化技术路线等。

(3) 轻量化产业应用关键技术亟待解决

五年间，我国汽车轻量化成果显著，高强度钢、高性能铝合金等材料应用均有较大提升，部分技术处于国际领先地位，但是，随着轻量化技术进入"深水区"，还有大量的轻量化关键技术需要进一步开发，如：高强度钢回弹控制关键技术、1470～2000MPa 等超高强度钢延迟断裂评价与控制技术、大尺寸挤压与尺寸控制技术、高性能铸造铝合金材料开发与产品工艺设计技术、镁合金耐腐蚀特性表征与控制技术、低成本高效率碳纤维复合材料料成型工艺与关键装备开发的关键技术以及多材料连接工艺设计与性能表征技术等。

四 战略支撑和保障措施评估

（一）新能源汽车

1. 新能源汽车产业技术发展宏观环境分析

自 2012 年节能与新能源汽车产业发展规划发布实施以来，国内新能源汽车产业发展取得积极进展，新能源汽车创新能力、技术水平不断提升，政策环境、产业布局逐步优化。

(1) 战略规划方面

1）《中国制造 2025》。2015 年 5 月，国务院印发《中国制造 2025》，提出将"节能与新能源汽车"作为重点发展领域，继续支持电动汽车、燃料电池汽车发展，掌握汽车低碳化、信息化、智能化核心技术，提升动力电池、驱动电机、高效内燃机、先进变速器、轻量化材料、智能控制等核心技术的工程化和产业化能力，形成从关键零部件到整车的完整工业体系和创新体系，推动自主品牌节能与新能源汽车同国际先进水平接轨，为我国节能与新能源汽车产业发展指明了方向。瞄准新材料、节能与新能源汽车等战略重点，引导社会各类资源集聚，推动优势和战略产业快速发展。《有色金属工业发展规划（2016—2020年）》的重点任务中提出加快关键装备研发与产业化，鼓励动力电池及其关键材料生产企业与装备生产企业等强强联合。

2）《汽车产业中长期发展规划》。2017年4月25日，工业和信息化部联合国家发展改革委、科技部联合印发了《汽车产业中长期发展规划》（简称《规划》）。在《规划》中，对汽车产业未来发展方向的新能源汽车与智能网联汽车进行了较大篇幅的论述，同时提出逐步扩大燃料电池汽车试点示范范围，《规划》明确了新能源汽车在关键时间节点的发展目标和重点任务，要求2020年新能源车产销量达到200万辆，动力电池单体能量密度达到300W·h/kg以上，电池系统比能量达到260W·h/kg，价格降至1元/W·h以下。到2025年，新能源汽车占汽车产销20%以上，动力电池系统质量能量密度达到350W·h/kg。

3）《"十三五"交通领域科技创新专项规划》。2017年5月2日，科技部《"十三五"交通领域科技创新专项规划》中明确提出深入开展动力电池与电池管理、电机驱动与电力电子、纯电动汽车核心专项技术、插电式混合动力汽车核心专项技术、燃料电池汽车核心专项技术、整车高效节能技术、结构轻量化技术、汽车自动驾驶技术的研发，同时提出需要推进加氢基础设施和示范考核技术发展。

4）《打赢蓝天保卫战三年行动计划》。2018年7月3日国务院发布《打赢蓝天保卫战三年行动计划》（简称《行动计划》），对未来三年国家大气污染防治工作进行部署。《行动计划》明确提出加快对既有车辆结构升级、促进新能源车辆的推广应用。按照要求，2020年新能源汽车产销量达到200万辆左右。重点区域城市建成区新增和更新的公交、环卫、邮政、出租、通勤、轻型物流配送车辆使用新能源或清洁能源汽车，使用比例达到80%；重点区域港口、机场、铁路货场等新增或更换作业车辆主要使用新能源或清洁能源汽车。《行动计划》指出，2019年7月1日起，重点区域、珠三角地区、成渝地区提前实施国六排放标准。推广使用达到国六排放标准的燃气车辆。《行动计划》对全国新能源商用车和国六排放标准汽车的推广具有很大的推动意义。

自《行动计划》发布之后，各地方积极响应并制定当地围绕"打赢蓝天保卫战"的地方政策，其中重点区域、珠三角地区和成渝等地区均发布了实施机动车国六标准的通告，具体见表1-17。

表1-17 2019年7月1日实施国六排放标准地方汇总

区域		发布时间	政策名称	针对车型	国六标准
珠三角	广东省	2019年6月20日	《广东省人民政府关于实施轻型汽车国六排放标准的通告》	轻型汽车	国六b

（续）

区域		发布时间	政策名称	针对车型	国六标准
成渝地区	重庆省	2019年6月24日	《重庆市生态环境局关于我市实施国家第六阶段机动车排放标准的有关情况说明》	轻型汽油车	国六a
	四川省	2019年1月12日	《四川省人民政府关于印发四川省打赢蓝天保卫战等九个实施方案的通知》	机动车	国六a或b
长三角地区	上海市	2019年4月27日	《上海市人民政府关于本市轻型汽车实施第六阶段国家机动车大气污染物排放标准的通告》	轻型汽车	国六b
	浙江省	2019年5月20日	《浙江省关于实施国家第六阶段机动车排放标准的通告》	轻型汽车	国六a
	江苏省	2019年5月8日	《江苏省人民政府关于实施国家第六阶段机动车排放标准的通告》	轻型汽车	国六a
	安徽省	2019年6月6日	《安徽省人民政府关于实施国家第六阶段机动车排放标准的通告》	轻型汽车	国六a
京津冀地区（2+26城市）	北京市	2019年6月28日	《关于北京市提前实施国六机动车排放标准的通告》	轻型汽油车	国六b
	天津市	2019年1月25日	《市生态环境局、市公安局、市交通运输委、市市场监管委、市商务局关于实施第六阶段国家轻型汽车大气污染物排放标准的通告》	轻型汽车	国六b
	河北省	2019年5月29日	《河北省生态环境厅等五部门关于实施第六阶段国家轻型汽车大气污染物排放标准的通告》	轻型汽车	国六b
	山东省	2019年1月22日	《山东省生态环境厅等4部门关于山东省实施国家第六阶段机动车排放标准的通告》	轻型汽车	国六a或b
	河南省	2019年4月29日	《河南省生态环境厅公告［2019］5号河南省实施国家第六阶段机动车排放标准的公告》	轻型汽车	国六a或b

（续）

区域		发布时间	政策名称	针对车型	国六标准
京津冀地区 （2+26 城市）	陕西省	2019年 5月21日	《陕西省生态环境厅 陕西省工业和信息化厅 陕西公安厅 陕西省市场监督管理局关于实施国家第六阶段机动车排放标准的通告》	关中地区（西安市、铜川市、宝鸡市、咸阳市、渭南市、韩城市、杨凌示范区、西咸新区）—轻型汽车	国六a
	山西省 （重点 区域）	2019年 6月29日	《关于山西省实施国家第六阶段机动车排放标准的通告》	8个市行政区域（太原、阳泉、长治、晋城、吕梁、晋中、临汾、运城）—轻型汽车	国六a
其他地区	海南省	2018年 12月29日	《海南省人民政府办公厅关于轻型汽车执行国家第六阶段机动车排放标准的通告》	轻型汽车	国六a或b
	内蒙古 自治区	2019年 7月1日	《关于实施国家第六阶段轻型汽车大气污染物排放标准的通告》	重点区域（呼和浩特、包头、乌兰察布、鄂尔多斯、巴彦淖尔、乌海）轻型汽车	国六a

（2）财政补助方面

1）《关于2016—2020年新能源汽车推广应用财政支持政策的通知》。2015年4月22日，财政部、科技部、工业和信息化部、国家发展改革委四部委联合发布《关于2016—2020年新能源汽车推广应用财政支持政策的通知》，提出为了促进新能源汽车产业加快发展，将在2016—2020年对新能源汽车推广应用实施补助，在此期间除了燃料电池汽车外其他车型补助标准适当退坡，其中，2017年纯电动汽车、插电式混合动力汽车补助标准在2016年基础上下降10%，2019年补助标准在2017年基础上再下降10%。

2）《关于调整完善新能源汽车推广应用财政补贴政策的通知》。2018年2月13日，财政部、工业和信息化部、科学技术部、国家发展改革委四部委发布《关于调整完善新能源汽车推广应用财政补贴政策的通知》。该通知指出2018年2月12日至6月11日期间，除了燃料电池汽车补贴力度保持不变之外，新能源客车、专用车补贴标准均有所下降，而新能源乘用车的补贴标准则按照成本变化等情况进行优化。

3)《关于进一步完善新能源汽车推广应用财政补贴政策的通知》。 2019年3月26日，财政部、工业和信息化部、科技部、国家发展改革委联合发布《关于进一步完善新能源汽车推广应用财政补贴政策的通知》。该通知提出根据新能源汽车规模效益、成本下降等因素以及补贴政策退坡的规定，2019年3月26日至2019年6月25日期间，降低新能源乘用车、新能源客车、新能源货车补贴标准，促进产业优胜劣汰，防止市场大起大落。补贴标准在2018年基础上平均退坡50%，至2020年底前退坡到位。燃料电池汽车和新能源公交车补贴政策另行公布。

4)《关于继续执行的车辆购置税优惠政策的公告》。 2019年6月28日，财政部、税务总局发布《关于继续执行的车辆购置税优惠政策的公告》。该公告指出自2018年1月1日至2020年12月31日，对购置新能源汽车免征车辆购置税，自2019年7月1日起施行。通过免除新能源汽车购置税，不仅能够促进新能源汽车行业发展，也可以刺激消费市场，同时还能够对冲补贴退坡的压力。

（3）行业监管方面

1)《新能源汽车动力蓄电池回收利用管理暂行办法》。 2018年2月26日，工业和信息化部、科学技术部、环境保护部、交通运输部、商务部、国家质量监督检验检疫总局、国家能源局七部委联合发布《新能源汽车动力蓄电池回收利用管理暂行办法》。该办法明确提出动力电池生产企业产品的设计要求、生产要求和回收责任等，旨在加强新能源汽车动力蓄电池回收利用管理，规范行业发展，推进资源综合利用，保护环境和人体健康，保障安全，促进新能源汽车行业持续健康发展。

2)《乘用车企业平均燃料消耗量与新能源汽车积分并行管理办法》。 2018年4月1日，工业和信息化部发布《乘用车企业平均燃料消耗量与新能源汽车积分并行管理办法》。该办法将针对在中国境内销售乘用车的企业（含进口乘用车企业）的平均燃料消耗量（CAFC积分）及新能源乘用车生产情况（NEV积分）进行积分考核，并对未达标的车企进行相应的处罚。通过该办法，可加快形成新能源汽车产业长效发展机制。

3)《关于开展新能源汽车安全隐患排查工作的通知》。 2019年6月17日，工信部装备工业发展中心发布《关于开展新能源汽车安全隐患排查工作的通知》，促请各新能源汽车生产企业对本公司生产的新能源汽车开展安全隐患排查工作，重点对已售车辆、库存车辆的防水保护、高压线束、车辆碰撞、车载动力电池、车载充电装置、电池箱、机械部件和易损件开展安全隐患排查工作。本次通知是工信部自2018年9月以来发布的第三份关于新能源汽车安全隐患排查的文件。与前两次相比，此次要求更加严谨，首次对车企提出了"应当主动向主管部门备案召回"的要求。

2. 支持政策效果评估

自2012年《节能与新能源汽车产业发展规划》发布实施以来，国内新能源汽车产业发展取得积极进展，新能源汽车创新能力、技术水平不断提升，政策环境、产业布局逐步优化，开放竞合良性发展的生态基本形成，我国新能源汽车产销量连续几年居世界首位，保有量占世界的 50% 以上。2019 年 1—9 月，新能源汽车产销分别完成 88.8 万辆和 87.2 万辆，同比分别增长 20.9% 和 20.8%，其中纯电动汽车产销分别完成 71.7 万辆和 69.2 万辆，比上年同期分别增长 29.2% 和 27.8%；插电式混合动力汽车产销分别完成 17.0 万辆和 17.9 万辆，比上年同期分别下降 5.4% 和 0.8%；燃料电池汽车产销分别完成 1315 辆和 1251 辆，比上年同期分别增长 7.7 倍和 7.6 倍。

（二）智能网联汽车

1. 智能网联汽车产业技术发展宏观环境分析

工信部、公安部、国家发展改革委、交通运输部、科技部、自然资源部等部委以不同的方式支持智能网联汽车的发展。

2018 年 4 月，工信部、公安部、交通运输部联合发布《智能网联汽车道路测试管理规范（试行）》，规定了道路测试需要遵守的基本原则，为智能网联汽车的道路测试提供指导。2018 年 12 月，工信部发布《车联网（智能网联汽车）产业发展行动计划》，明确以网络通信技术、电子信息技术和汽车制造技术融合发展的主线，充分发挥我国网络通信产业的技术优势、电子信息产业的市场优势和汽车产业的规模优势，形成深度融合、创新活跃、安全可信、竞争力强的车联网产业新生态。公安部、工信部配合立法机关研究并推动修订《道路交通安全法》。

2018 年，国家发展改革委发布《智能汽车创新发展战略》（征求意见稿），针对智能网联汽车未来产业发展目标已规划六大战略体系，包括构建自主可控的智能汽车技术创新体系、跨界融合的智能汽车产业生态体系、先进完备的智能汽车路网设施体系、系统完善的智能汽车法规标准体系、科学规范的智能汽车产品监管体系和全面高效的智能汽车信息安全体系。

交通运输部作为汽车的运营管理单位也积极开展智能网联汽车政策规划工作，通过加强示范试点验证、推广辅助驾驶技术应用等方式促进智能网联汽车的示范运行和推动产业化。具体包括：认定北京、西安、重庆三家封闭测试基地；加快杭绍甬、雄津高速公路的智能化改造，出台《自动驾驶封闭场地建设技术指南（暂行）》；结合营运车辆特点，制定发布营运客车和营运货车安全技术条件，推广应用成熟的辅助驾驶技术，提高车辆运营安全性。2019 年 9 月，交通运输部、工信部联合认定上海、泰兴、襄阳三家自动驾驶封闭场地测试基地，进一步扩大测试验证区域。

科技部通过国家重点研发计划等对智能网联汽车和自动驾驶研发项目给予支持，其中国家重点研发计划新能源汽车重点专项已经支持了多个汽车智能化项目。2018 年，科技部与交通运输部联合实施了综合交通运输与智能交通专项，对自动驾驶关键技术进行部署，在车辆联网联控方面，开展了网联平台、协同式封闭场地和半开放场地的示范应用项目。

自然资源部逐步规范并放开测绘市场准入、地图采集与应用相关政策，推进产业有序健康地发展。发布《测绘资质管理办法（征求意见稿）》，降低了导航电子地图甲级资质对企业注册测绘师、测绘设备等的要求。组织主流图商和部分汽车厂商研究完善自动驾驶地图保密技术处理方案。2019年9月，与工信部签署合作协议，启动智能网联汽车和自动驾驶地图应用试点工作，将有望在北京、无锡、德清等地区进行综合审图方式实施、创新加密技术应用等先行探索工作，将有效促进我国高精度动态基础地图平台的建设。

与此同时，为共同推动中国智能网联汽车产业更大发展，在国家制造强国建设领导小组车联网产业发展专委会牵头下，有关部门通力协作，已在政策法规、标准规范、技术创新、测试应用、国际合作等方面取得了显著成效。接下来，车联网专委会将进一步推动智能网联汽车产业持续健康发展，深化车联网与5G通信技术深度融合，组织关键共性技术攻关，支持有条件的地区和企业先行先试，在基础设施、标准与测试认证、数据管理等方面提升部门协作的深度和力度，通过先导区建设探索智能网联汽车的管理与运营模式，提高安全防护技术水平，同时加强国际合作、积极参与国际标准化工作，构建起开放包容、合作共赢的国际产业生态体系。

2. 支持政策效果

1）智能网联车辆道路测试在全国范围内有效实施。2018年4月，自三部委发布《智能网联汽车道路测试管理规范（试行）》之后，相继20多个省市颁布实施细则，为智能网联汽车道路测试提供指导方针。截至2019年10月底，全国范围内已经建成或者在建的封闭测试场超过20个，北京、上海、重庆、广州、长沙等城市已经开展了智能网联汽车道路测试工作，累计发放超过250张智能网联汽车道路测试牌照。

2）多地开展智能网联汽车先导区建设规划工作。2019年5月，江苏车联网先导区落户无锡，先导区将通过在一定规模的车辆上装配车载终端，完成重点区域交通设施车联网功能改造和核心系统能力提升，丰富车联网应用场景，开展相关标准规范和管理规定探索，构建开放融合、创新发展的产业生态，形成可复制、可推广的经验做法。此外，北京市积极推动顺义、海淀、亦庄开发区、房山四区联动，共同开展车联网先导区建设，天津西青区申报国家级车联网先导区通过专家论证。智能网联汽车测试验证与先导示范工作的有序展开，必将有效促进我国智能网联技术的发展，为智能网联汽车进一步商业化落地打下坚实基础。

3）智能网联汽车的标准制得到进一步引导与规范。2017年12月，工业和信息化部、国家标准化管理委员会发布《国家车联网产业标准体系建设指南（智能网联汽车）》，全面规划智能网联汽车标准制定工作。自从《关于加强汽车、智能交通、通信及交通管理

C-V2X 标准合作的框架协议》签署以来，在工业和信息化部的指导下，全国道路交通管理标准化技术委员会、全国汽车标准化技术委员会、全国智能运输系统标准化技术委员会、全国通信标准化技术委员会已在核心技术标准制定、跨部门产业合作、国际标准跟踪与转化等方面进行了有效的推进工作。全国汽车标准化技术委员会智能网联汽车分技术委员会积极贯彻落实智能网联汽车标准体系建设指南，加强与相关标委会、行业组织的协调、协作，在先进驾驶辅助系统、自动驾驶、汽车信息安全及网联功能与应用等细分专业领域，启动 38 项国家标准的制定工作。在智能网联汽车团体标准方面，中国汽车工程学会、中国智能网联汽车产业创新联盟积极组织制定团体标准，以期填补国家和行业标准的空白，满足市场发展需要，并与汽车标准委员会智能网联汽车分标委就标准化工作签署合作备忘录，联合开展中国智能网联汽车团体标准体系的研究。

4）**高精度地图测绘与运用的障碍和难题不断得到缓解**。地图测绘资质适度放开，我国共有 20 家企事业单位具备导航电子地图甲级测绘资质。高精度地图实现商业化试点应用，部分车型已经开始商用化使用高精度地图数据。工信部、自然资源部等组织开展了自动驾驶地图相关技术研究和问题梳理。在多个部门的协作努力下，自动驾驶地图试验和车联网先导区应用试点工作正在有序展开，深化车辆地理信息数据交互模式和管理方法的制定以及创新加密算法的应用。

五 结论和建议

（一）主要结论

1）在纯电动汽车方面，新能源汽车产业规模的扩大及市场主导的产业趋势推动整车续驶里程不断提升，能耗指标不断下降。目前纯电动乘用车的主流车型的平均电耗在 13～13.9kW·h/100km，整备质量在 1400kg 左右及以上，续驶里程大多能达到 350km，车型主要覆盖 A 级紧凑型轿车及 SUV。整备质量低于 1200kg 的纯电动汽车目前已基本达到百公里电耗 12kW·h，续驶里程已超过 200km，部分续驶接近 300km。整备质量高于 1400kg 的主流电动汽车车型近期续航里程大多已超过 350km，部分超过 400km。在应用领域方面，中型及以下车型规模化发展以纯电动乘用车为主，实现纯电动技术在家庭用车、公务用车、租赁服务以及短途商用车等领域的推广应用；在公交客车、市政货车、短途物流车及其他特定市场、特定用途领域实现大批量应用。

2）在插电式混合动力汽车方面，私人乘用车已批量应用，且私人用车与单位用车比达到 4:1，主要为紧凑型及中型车，SUV 车型较多。插电式混合动力车型中大部分纯电加速性与传统车持平，部分明星车型加速性超越传统车。2018 年，乘用车平均燃料消耗量实际值为 5.8L/100km；2019 年，PHEV 的 B 状态油耗达到 4.3L，相比整体油耗水平节油 25.9%。国内目前插电式混合动力型多为分体/简单集成，持续功率密度为 0.8~1kW/kg，系统峰值功率 85%~92%，系统平均效率 81%~85%，耦合机构多采用 P3/P3/串并联/功率分流。在振动噪声方面，现有插电式混合动力系统的 NVH 为 80dB 左右。在安全方面，对电池电芯、模组、BMS、Pack、整车等各个层级的设计，进行系统化的设计防范风险，同时大幅提升整车寿命。

3) 动力电池能量密度、制造工艺、安全管控等技术水平稳步提升。2019 年高比能磷酸铁锂单体电池质量能量密度达到 190W·h/kg，系统质量能量密度达到 140W·h/kg；高比能三元材料单体电池质量能量密度达到 275W·h/kg，系统质量能量密度达到 180W·h/kg；动力电池单体成本为 0.5~0.8 元/W·h，系统成本为 0.8~1.2 元/W·h；动力电池在正、负极材料研发应用，快充技术、低温加热技术、安全预警技术和健康状态估计方法、动力电池热失控热扩散测试方法取得重要进展。对标《路线图》中对动力电池提出的 2020 年关键指标，目前动力电池性能指标仍有一定差距，需要进一步加大支持力度和研发投入。

4) 氢燃料电池汽车代表着汽车产业动力革命可能的终极方向之一，对于改善未来能源结构、发展低碳交通具有深远意义。当前，世界各国对于氢燃料电池汽车的关注不断升温，已有一些产品投放市场，进入产业化初始阶段。但由于技术尚未获得本质突破，因此成本、耐久性、基础设施以及氢能产业链仍是氢燃料电池汽车推广应用所面临的全球共性瓶颈。与此同时，我国氢燃料电池汽车虽也已获得一定的发展，但在关键材料、关键零部件和整车集成等方面与国外先进水平相比仍有一定差距，同时具有起步晚、地域性强、产业链条不够完整、商用车相对发展较快等鲜明特点。只有随着技术不断进步，氢燃料电池的电池效率和使用寿命进一步提高，成本进一步降低，基础设施逐渐完善，可再生能源在技术上的大规模利用，氢燃料电池汽车才可能大规模推广利用。

5) 智能网联汽车在整车集成应用、环境感知决策、道路测试、信息通信等关键技术和基础支撑技术方面取得了积极的进展，智能网联汽车技术架构体系逐渐达成共识，融合深度持续深化，产品生态构建速度不断加强，政策环境和标准法规体系有序完善。人工智能、V2X、信息安全、激光雷达等部分领域技术发展需求超出预期，而电控执行器、电子电气架构、智能计算平台和专用芯片等技术与国外相比还有一定差距，基础数据平台的跨行业跨部门建设仍面临挑战。

（二）相关建议

1) **多举措并举保障新能源汽车的全方位安全运行**。国家应加强科技支撑，深入开展关于动力电池安全的基础性研究，研发保障动力电池安全的最佳系统方案。企业应提升产品的质量，从动力电池的设计、生产制造、系统集成、整车匹配等各个环节，提高产品的一致性、可靠性。新能源汽车的发展过程也是一个标准制定的过程。完善安全标准，不断严格对动力电池和整车的安全要求，以及相关体系标准规范。加强安全监管，进一步完善新能源汽车的召回、三包等制度，加强监管平台的能力建设，完善事前、事中、事后统筹兼顾的监管体系。加强科学普及，组织专题研究和对话活动进行安全问题解疑释惑，提高公众的认知度、可接受度。

2）建议国家层面持续立项科研项目，支持新能源汽车，尤其是混合动力汽车相关技术的发展。在科研立项上重点关注我国薄弱环节和技术，比如：混动专用发动机、专用化底盘、碳化硅功能期间、深度混合动力系统等。同时，出台相关政策刺激企业通过加大研发投入来弥补自身短板，主动迎接市场导向和国际竞争。

3）加强新能源汽车零部件体系建设。加大汽车零部件创新和研发力度，建议国家出台相关政策，扶持并培育更多具有全球竞争力的公司。电控、空调、转向、控制系统等功能部件的电动化，尤其是电动汽车的智能化，扩大了整个汽车零部件的范围。作为全球最大的新能源汽车产销国，我国也应当培育出一批具有高水平、竞争力的零部件公司。针对新能源汽车零部件的规划，不仅要与整车的发展同步，同时必须要有超前的技术储备。

4）在纯电动和插电式混合动力汽车方面，建议明确 2025 年前继续执行新能源汽车免购置税政策。新能源汽车免购置税政策最早从 2014 年 9 月开始执行，至今已实施了三个阶段，对降低城市大气污染，刺激新能源汽车市场消费起到了重要推动作用，2025 年前仍是新能源汽车发展的关键阶段，并且城市大气污染形势仍然严峻，石油进口持续上升，仍需给予一定强度的政策扶持。

5）在氢燃料电池汽车方面，建议科学规划布局加氢站建设。合理规划选择加氢站建设地点，建设与氢燃料电池汽车应用领域相适应的 35MPa/70MPa 加氢站，重点推进 70MPa 加氢站关键技术研究及建设；建设形成适度超前于氢燃料电池汽车发展、多种供给模式并存的可持续氢能基础设施体系。建议完善氢能及燃料电池汽车标准体系。制定车用氢气质量标准，制定车用氢气储/运等环节技术条件及产品认证标准。研究制定加氢站设计、建设、使用、运营、检测认证及车用氢燃料电池制造、测试、加氢等过程中的标准体系及规范要求。研究制定车载 70MPa Ⅳ 型储氢瓶测试评价方法，氢燃料电池动力总成及整车相关的安全技术条件及试验规范等标准。

6）在智能网联汽车方面，建议进一步完善顶层设计和战略规划，凝聚发展共识加强战略协同；加快国家智能网联汽车创新中心建设，构建跨界协同新型创新体系；推动完善中国方案智能网联汽车系统体系架构，建设新型跨行业产业生态体系；加快研究和制定智能网联汽车相关法律法规和标准；加快智能交通基础设施改造，提升基础设施通信环境条件；有序启动智能网联汽车示范和推广应用工程，尽早实施城市级大规模应用示范。

7）在动力电池方面，要实施创新驱动，促进提质增量。集中行业的优势资源来协同攻关，充分发挥企业的主体作用，支持企业在新能源汽车平台、整车集成等方面的创新。

建议加大先进材料的开发突破，持续开展动力电池能量密度、功率密度等方面的研究。加大动力电池设备研发的投入，提高生产工艺的控制精度、一致性和可靠性，进一步降低生产成本。加大对动力电池安全性的研究和监督检查。加快构建动力电池回收利用体系，推动建立全国统一的新能源汽车市场。

8）在基础设施建设方面，鼓励多方资本参与。新能源汽车的推广涉及购买、使用、管理以及基础设施建设等诸多领域和环节，基础设施是制约新能源汽车推广的关键因素。充电桩、充电站等基础设施建设的薄弱一直以来是新能源汽车发展缓慢的重要阻力。在新能源汽车产业的各个环节都有很多企业参与，唯独基础设置领域只仅有少数企业参与，达不到良性竞争的要求，应该鼓励外资或是民营资本参与。因此建议推出鼓励资本参与的政策，在全国重点城市加快普及充电站和充电桩的布局。

第二部分
专题评估报告

PART 02

一、导言

（一）评估范围和目的

根据《路线图》年度评估报告的总体安排，2019年度专题评估围绕《路线图》中的节能汽车技术路线图和汽车轻量化技术路线图展开。节能汽车路线图包含乘用车核心技术、商用车核心技术和车用燃油技术三个方面的路线图。其中，乘用车核心技术路线图涵盖发动机技术、变速器技术、电子电器技术、低阻力技术、混合动力技术、替代燃料技术。商用车核心技术路线图涵盖传动系统技术、电子电器技术、低阻力技术、混合动力技术、替代燃料技术。车用燃油技术路线图涵盖汽油技术、柴油技术、油品质量稳定性及其他技术。汽车轻量化技术路线图主要对轻量化设计技术、材料及成型工艺技术、连接工艺技术三个技术方向进行评估。

本次评估跟踪了节能汽车路线图及汽车轻量化路线图的具体技术进展，保障了《路线图》的时效性；总结了面向《路线图》目标实现面临的挑战，指引了未来行业发展方向；回顾了2018—2019年《路线图》相关技术实施过程中的战略支撑和保障措施，提出了节能汽车及轻量化技术发展的建议。

（二）评估过程

专题评估围绕智能网联汽车、新能源汽车、节能汽车三大主题，每年选择一个主题滚动开展研究。2017年专题报告聚焦智能网联汽车，2018年专注新能源汽车，2019年主题为节能汽车。本次专题评估工作由中国汽车工程研究院股份有限公司和汽车轻量化技术创新战略联盟完成，编写组通过实地调研、问卷调研、访谈等方式深度开展行业调研和技术交流，形成报告初稿。在此基础上，进一步咨询了节能汽车及轻量化技术领域专家的意见，对评估报告初稿进行修改和完善，形成终稿。

二、面向达成《路线图》目标的节能汽车技术进展与挑战

(一) 节能汽车整车技术进展

1. 乘用车节能技术进展

(1) 乘用车节能技术总体进展

《路线图》提出,到 2020 年,当年生产的乘用车平均燃料消耗量降至 5.0L/100km。根据工信部、商务部、海关总署、市场监管总局公布的数据,2018 年度中国乘用车企业平均燃料消耗量为 5.8L/100km,进一步趋近 2020 年目标值。乘用车节能主要指标及实现程度见表 2-1。

表 2-1 乘用车节能主要指标及实现程度

领域	《路线图》2020 年关键指标	国内最新进展
油耗	乘用车油耗 5L/100km(综合工况)	2018 年企业乘用车新车平均油耗 5.8L/100km(综合工况)
混合动力乘用车	混合动力乘用车销量占乘用车销量 8%,油耗达 4L/100km	2018 年国内混合动力(包含 HEV 和 PHEV)乘用车销量为 43 万辆,其中 HEV 车型销量为 17.4 万辆(上险数据);国内完全自主研发的吉利帝豪 HEV 油耗达到 4.9L/100km,部分与日企合资开发上市 HEV 车型油耗接近 4L
动力总成	乘用车汽油机热效率达 40%,6 档以上 AT/DCT	国内各车企在增压直喷新机型研究上,已大量应用高压缩比(12~13)+米勒循环+变排量附件+低摩擦技术等先进节能技术,汽油机的热效率正逐步靠近 40%;在变速器方面,国内整车企业以 DCT 为主,长城、长安、吉利、上汽、广汽等车企先后实现 7DCT 变速器量产
电子电器	重点发展 48V 系统并提升效率	长安、吉利、上汽通用五菱、江淮等已上市搭载 48V 混动系统的车型,更多的整车厂商正在开发和应用 48V 混动系统
低阻力	重点降低滚动阻力	国内轮胎品牌中低端产品比例偏高,高端领域基本被外资控制;国内轮胎企业的设计技术、工艺技术及生产技术大多照搬外资企业技术进行消化吸收利用,依然处于生产模式,自主研发设计能力薄弱

(续)

领域	《路线图》2020年关键指标	国内最新进展
替代燃料乘用车（CNG）	替代燃料乘用车销量占乘用车销量3%，油耗5.1L/100km	2018年CNG汽车占乘用车销量2.5%，平均燃料消耗量达到5.75L/100km（已按碳平衡法折算为汽油燃料）
轻量化	单车高强度钢重量占比达50%以上，铝合金190kg及结构优化	截至2019年8月，国内主流乘用车钢质车身的高强度钢板重量占比均达到50%，部分车型甚至超过60%；铝合金单车平均用量约在120kg左右，镁合金单车用量不超过5kg
车辆小型化	紧凑型及以下车型销量占比超过55%	2014—2018年，车辆小型化推行效果不佳，乘用车整备质量不降反增

(2) 关键技术进展

1) 发动机技术进展。目前，国内各车企在增压直喷新机型研究上，已大量应用高压缩比（12~13）+米勒循环+变排量附件+低摩擦技术等先进节能技术，汽油机的热效率正逐步靠近40%（国际先进水平）。发动机技术的标志性进展方面，长城汽车率先在其GW4B15发动机上实现CVVL技术的量产。长安、吉利等车企先后实现了三缸机的量产，已突破并解决三缸机NVH核心技术难题，实现了48V BSG系统的搭载，可降低整车油耗10%左右。乘用车发动机技术具体进展见表2-2。

表2-2 乘用车发动机技术进展

重点技术	国内现状
高效燃烧基础理论	经过多年机型开发经验积累，目前国内的燃烧系统开发已经初步具备米勒/阿特金森循环、高滚流气道、外部冷却EGR（NA/LP/HP）的设计与应用能力。但先进的燃烧系统技术自主开发能力仍然欠缺，如对HCCI、GCI等技术的研究、更高的稀释率（>30% EGR率或$\lambda>2$）、压缩比（>15）以及升功率（>100kW/L）等。由于国内小型化的增压机型迅速铺开，国内对低速早燃等异常燃烧的研究也投入了大量资源，截至目前，已基本形成对LSPI等异常燃烧的设计预防与开发诊断的能力建设
电控技术及电控逻辑	国内车企正加速推进ECU、PCU控制及标定的自主研发。在ECU软件开发及标定领域，比亚迪汽车、一汽基于供应商（联合汽车电子、德尔福等）的软件及核心标定，已经自主开发出ECU软件并实现量产；吉利汽车正在基于Volvo平台进行自主软件及标定的开发；长安汽车等企业也在进行积极研发。在PCU软件开发及标定领域，长安汽车、广汽、上汽、一汽、吉利汽车的自主PCU软件及标定已经处于成熟阶段。随着更多节能技术的应用，更多的执行机构和传感器应用于发动机，使得发动机电控系统愈加复杂

（续）

重点技术	国内现状
电控技术及电控逻辑	国内企业均已认识到电控系统直接影响具体技术实施的节油效果，以及电控逻辑开发及标定对于节能减排的重要性，但国内企业电控开发起步较晚，且电控开发对基础设施、专业人员能力、资源投入要求极高，很难在短时间内实现相关技术和人员等的储备
电动 VVT 及电动气门	CVVL 可对气门升程进行控制，需对发动机的配气机构硬件进行调整。爱信、舍弗勒、电装等国外零部件供应商均已推出成熟的电动 VVT 系统并搭载在主要的机型上。目前，国内供应商也有相同产品，但在产品可靠性、开发支持方面仍然落后于国外一流水平，国内主机厂搭载应用较少，长城汽车研发的 1.5GDIT 汽油机配置了 CVVL 技术
汽油机压缩比	提高压缩比是提高热效率的根本途径，国内目前热效率大于 38% 的机型，压缩比基本在 12 以上，但距离世界先进水平尚有较大差距
超稀薄燃烧技术	超稀薄燃烧作为汽油机下一代燃烧理念，融合汽油/柴油发动机技术发挥各自特点，常用工况实现压燃，提升热效率，可明显扩大经济油耗运行区间。天津大学、上海交通大学、清华大学、吉林大学等高校对比展开了相关研究，长城汽车、吉利汽车等企业也正在开展相关预研工作
点火技术	新型点火技术是面向未来稀释燃烧的重要技术，其对于最高容许 EGR 率或 λ 具有极大的影响作用，但相比于传统 65mJ 火花塞点火系统，同时也会带来电耗、排放、冷起动等其他方面的问题。目前，国内主机厂已经基本具备开发应用 110mJ/40kV 传统火花塞式点火系统的能力，其他新型点火系统尚在初期研究阶段，如 300mJ 以上传统火花点火、电晕点火、微波点火、主/被动式预燃室设计等
后处理技术	为了应对更加严苛的排放法规，目前两级 TWC + GPF 的后处理技术已基本成了各大主机厂的主要研究方向，并且 GPF 得到了大量应用，有成为标配的趋势，如东风汽车、上汽集团、五菱汽车等国内车企的大部分车型均已集成了 GPF。但面对未来稀燃汽油机后处理系统使用的 LNT、GOC、主/被动式 SCR 的匹配、策略开发技术还处在前期研究阶段。冷却 EGR 能有效改善排放和降低油耗，同时可抑制爆燃。但随着 EGR 率的增加，需配备高能点火解决失火等问题。目前，国内供应商技术不成熟，仍需依靠国外企业进行产品开发。同样，国内的应用也处于起步阶段，目前国内仅长安汽车、广汽开展了汽油机低压中冷 EGR 的应用研究
增压技术	增压旁通既能有效提高发动机低速转矩，又能避免发动机高速时的过增压，已被大量应用。目前，国内已经开始普及电控废气旁通的设计和应用，通过精确调节增压压力，改善发动机性能
直喷技术	缸内直喷已大规模应用，且喷射压力也得到进一步提高，由 15MPa、20MPa 系统向 35MPa 系统转变。但直喷系统的集成应用和标定控制方面技术仍掌握在国外供应商手上。国际上，喷射压力已经开始探索使用 50MPa、60MPa 系统，甚至是 100MPa 的喷射系统也在研究中。另外，中置 GDI 和喷水技术在国内仍处于研究阶段

(续)

重点技术	国内现状
发动机热管理技术	目前国内市场上仍然以机械水泵和蜡式调温器为主,以电子水泵和电子调温器为主的先进热管理模块已在国外开始普及,而国内仍处于研究推广阶段
电动机油泵技术	全可变机油泵已经开始在国内外品牌上全面搭载,但基于全面电气化下的电动机油泵尚未开始开发

2) 变速器技术进展。近年来,我国自动变速器市场份额呈爆发式增长,由2012年的30%左右上升至2018年的70%左右。自主品牌整车企业主要发展DCT,长城、长安、吉利、上汽、广汽等车企先后实现了7DCT变速器的量产。国内变速器供应商主要布局AT、CVT,其中东安三菱、轩孚实现了6AT量产,盛瑞传动推出第三代8AT产品。另外,上海汽车变速器有限公司开发并量产CVT180,上汽通用五菱推出CVT250。乘用车变速器技术具体进展见表2-3。

表2-3 乘用车变速器技术进展

重点技术	国内现状
DCT技术	国内主要汽车厂商都将DCT作为变速器技术发展的重点,目前量产的以湿式6速和湿式7速DCT居多,代表车企有上汽集团、长城汽车、长安汽车、吉利汽车和比亚迪汽车等,长城汽车同时在推进9DCT开发。为进一步推进节能减排,部分车企在DCT技术上扩展混动技术,长城汽车、吉利汽车、长安汽车等企业均正在推进混动DCT变速器开发
CVT技术	在CVT变速器控制逻辑开发及标定方面,湖南容大在国内率先实现电器硬件及软件独立自主开发,拥有先进的核心控制算法及标定技术。在CVT传动带方面,杭州东华链条集团已为国内CVT自主品牌企业进行配套开发链式传动带,目前处于工程样机研制阶段,突破了博世及舍弗勒集团技术垄断地位
AT技术	国内的东安三菱、盛瑞传动等均实现了AT变速器的产业化,但与国外相比,在技术水平、产业规模等方面还有较大差距。盛瑞传动成功正向设计开发的拥有完全自主知识产权的前置前驱8AT已经发展到第三代,已完成自动变速器机械和液压系统工程化关键技术、电控系统(TCU)软件关键技术、工程化及产业化关键技术、与发动机和整车的匹配标定技术、试验检测关键技术五个方面的研究。该公司掌握了自动变速器开发的关键技术,具备了多挡位自动变速器系统创新、集成设计的能力,并形成了年产十万台的生产能力
电控技术	国内主要汽车厂商都已陆续掌握DCT电控开发关键技术,如长安汽车、上汽集团等都已实现控制软件白盒化,并完成了控制软件自主开发和产业化应用,长城汽车、广汽集团等也正在积极推进电控系统自主开发和应用
液力变矩器总成设计与制造	陕西航天动力、重庆红宇精工已经实现了产品研发设计、精益制造的突破,但质量及技术先进性与国外先进水平存在差距

(续)

重点技术	国内现状
离合器总成	浙江格洛博、武汉中航精冲已突破国际顶尖供应商技术封锁,完成离合器毂旋压、冷压技术的国产化
高精度液压电磁阀	绵阳富临精工已在核心技术上得到全面突破,其为国内配套的电磁阀生产线及生产的高精度VFS阀已经达到世界先进水平
道路载荷谱研究	湖南容大已对西南地区典型道路工况进行了测试,对金属带速比、液压系统压力分布进行了统计分析,为CVT在恶劣地区标定开发奠定了扎实基础。长安汽车通过采集真实汽车用户和试验场强化路的相关试验数据,应用雨流计数法初步获得疲劳载荷谱分布矩阵,并有应用开发验证

3) 电子电器技术进展。由于美国、欧洲、日本是全球传统的汽车市场及汽车技术与汽车电子产业的发源地,全球汽车电子电器主要产品技术供给和市场需求仍集中于欧洲、北美、日本等地区,掌握着国际汽车电子行业的核心技术与市场发展优势。但是,随着我国汽车制造产业壮大以及ICT跨界发展带来网联化应用的快速普及,我国正在成为先进汽车电子最大的先导市场和应用技术策源地之一。乘用车电子电器技术具体进展见表2-4。

表2-4 乘用车电子电器技术进展

重点技术	国内现状
48V电池系统	因锂离子电池具有高能量密度、高功率密度、长寿命等优点,目前节能汽车搭载的48V电池基本都采用锂离子电池。48V电池产品主要生产企业集中在中国,以锂离子电池-磷酸铁锂体系为代表,市场应用最早也最广泛。市场上产品的容量普遍在8~12A·h之间,储能在369~518kW·h之间,功率为15kW左右,P/E倍率为30左右。随着固体电解质锂离子电池技术和工艺的突破,未来固体锂离子电池有可能取代目前的液态48V锂离子电池应用,进一步提升电池的能量密度、寿命、安全性等关键指标
48V电机系统	对于48V电机系统,关键的成型绕组以及功率电子集成技术主要掌握于欧美企业,技术相对成熟的供应商主要有法雷奥、大陆、博世、德尔福和博格华纳等。在国内完成批产应用的是法雷奥48V BSG电机系统。国内上海电驱动开发了48V风冷感应电机BSG总成,定子采用扁导线绕组技术,达到功能安全ASIL B水平,达到国六排放标准,并为上汽通用混合动力发动机平台进行配套,2019年11月实现量产;同时,郑煤机通过收购博世BSG业务,布局48V BSG产品,精进电动、苏州超力等开发了48V BSG样机
智能发电机	智能发电机调节的核心原理是扩展车辆蓄电池的充电策略。蓄电池不再完全充满,而是根据不同的环境条件、车外温度、蓄电池老化等充电规定程度进行充电。目前,国内已实现智能发电机根据蓄电池和整车运行需求来发电,后续趋势为更加贴合实际运行工况进一步节能

(续)

重点技术	国内现状
PWM冷却风扇	无刷风扇在我国发展时间虽短,但是随着技术的日益成熟与完善得到了迅猛发展。目前,无刷风扇已普遍用于国内各量产车型,如长城汽车 H7、H8、H9 系列、华晨汽车华颂 7,吉利汽车 CAM 平台,中恒天汽车 V3 等。随着市场的发展,以及排放、安全、可靠性的要求,风扇无刷化将是一个必然的趋势,也是一款畅销车型的必备
按需供油技术	目前,国内自主品牌汽车主要采用有刷恒量供油系统,德国博世、大陆等零部件供应商率先开发出有刷按需供油系统,并在欧洲进行应用推广,截至目前,欧洲、北美、日韩等车企都采用了有刷按需供油系统。随着环保法规和油耗法规的不断加严,目前无刷按需供油系统在欧洲、北美、日韩等车企也被广泛应用,而自主品牌车企受到成本压力的影响,对按需供油系统的应用较少,但可以在节油减排和成本目标找到一个平衡点,采用油泵控制器闭环控制油压的有刷按需供油系统
电子真空泵	主要用在电动车和增压发动机上,为制动助力提供或辅助提供真空源。相对机械真空泵来说,一般电动真空泵相比机械真空泵可节油 0.1～0.15L/100km,CO_2 排放降低约 3.5g/km。虽然国内起步较晚,但经过近 5 年的发展,国内许多厂家都已经有产品在乘用车上量产应用,技术上已经不存在难点,各项技术指标如抽真空最大能力、工作时间及噪声水平等,与国外产品基本相当,且成本上相比国外品牌更具有竞争优势
换档提示	国内北汽、长安汽车等已标配换档提示功能,技术成熟度及节油贡献度已处于行业较优水平,换档提示已覆盖升降档范围,2 款自主 MT 档车型在配置换档提醒后,平均油耗下降 0.3L/100km。随着国六排放法规的实施,换档对整车排放性能的影响需重新评估,针对换档提示功能的排放标定难度将会增加。因 EMS 标定系统已具备换档提示功能,随着组合仪表的智能化,换档提示功能不会增加成本,且随着技术法规的奖励及要求,换档提示将会成为标配,且界面显示更加智能化
外控变排量压缩机	目前国内高端车型已经开始采用内控变排量压缩机和外控变排量压缩机技术,未来 3～5 年内控变排量压缩机会普遍应用,未来 5～10 年随着外控变排量压缩机成本的进一步降低,外控变排量压缩机也会得到越来越广的应用
智能格栅	通过对建立完成的智能格栅控制系统(一套软件和硬件装置),能够合理管控进风量,有效降低整车风阻,控制发动机舱内温度,能够提高燃油利用率或电量消耗率,达到节能效果。智能格栅技术在国外高端车型和重型车辆上广泛运用,对国内自主品牌车型上的应用刚开始起步,接近空白。在汽车开发中,降低风阻的设计是一个永无止境的目标,功能和造型的矛盾要求,意味着智能格栅技术应用未来将会越来越普及

4)**低阻力技术进展**。目前,世界先进的低阻力核心技术大多数掌握在跨国汽车集团、专业零部件和系统供应商手里,国内技术水平相对落后。国内轮胎企业的设计、工艺及生产技术依旧处于模仿跟随阶段,以生产为主,自主研发设计能力薄弱;在低风阻外观设计方面,国内汽车企业通过模仿加自主设计,使自主品牌汽车风阻系数逐步接近国际水平。乘用车低阻力技术具体进展见表 2-5。

表2-5 乘用车低阻力技术进展

重点技术	国内现状
低滚阻	目前，国内轮胎品牌中低端产品比例偏高，高端领域基本被外资控制，特别在乘用车轮胎市场，外资所占份额在75%以上，一线轿车品牌配套轮胎全部使用外资品牌。国内轮胎企业的设计技术、工艺技术及生产技术大多照搬外资企业进行消化吸收利用，仍然处于生产模式，自主研发设计能力薄弱。轮胎产品的研发依赖大量的实验研究和基础材料研究，诸如DMA测试、电镜扫描、粘弹谱仪、核磁共振波谱仪等材料测试仪器，99%的国内企业都不具备研究条件，材料基础研究落后。现阶段，国内尚未拥有具备自主开发轮胎帘线能力的企业，国内帘线生产商的研发模式同样是处于引进吸收的阶段，自主研发任重道远。芳纶帘线具有质量小、模量高、动态性能好等优点，在降低滚动阻力方面大有前途，但是价格一直居高不下，在轮胎中的应用受到限制。目前，国内轮胎企业尚无成体系的设计理论用于轮胎的结构设计，轮胎力学基础研究处于空白。近年来，有限元仿真技术的飞速发展，带动轮胎企业采用仿真分析的方法研究轮胎的受力情况，轮胎滚动阻力仿真有了长足的发展，例如清华大学、哈尔滨工业大学、中国科技大学、北京化工大学等院校都开展了轮胎仿真技术研究
低风阻外观设计	目前，各大车企已初步形成各自的设计理念，正在逐步形成有中国特色并能赢得市场的汽车造型设计。国内的汽车设计技术是通过模仿加自主的设计理念，进步很大，风阻系数也在接近国际水平。仍有较多车型设计落后，国内乘用车的车身设计仍处在较低水平，平均风阻系数在0.37~0.38的水平
低黏度机油	在汽油机油方面，国产汽车企业装车油黏度级别以5W-30为主，但在新车型中，5W-20的使用越来越多，质量级别达到GF-5/SN（SN+）、GF-4/SM，有的生产厂商开始要求汽油机油满足ACEA C5-16要求。目前，国内欧美合资企业装车油黏度级别以5W-30为主，质量级别达到GF-5/SN（SN+），或ACEA A3/B4，日系合资企业装车油黏度级别由5W-30快速向5W-20过渡，一些新发动机车型可能要求0W-20，质量级别达到GF-5/SN（SN+）；在柴油机油方面，黏度级别分类与SAE J300一致，由于柴油机油规格GB 11122是2006年发布的，国内各润滑油生产厂生产CJ-4及以上质量级别柴油机油时，沿用API标准国内重负荷柴油车油黏度级别以15W-40、20W-50为主，质量级别提升较快，CH-4、CI-4逐渐成为主流
DLC涂层技术	国内已开展DLC涂层和基于纳米技术的涂层应用研究，活塞销和气门挺柱采用DLC涂层后，摩擦损失降低十分明显；气缸壁热喷涂技术研究刚刚起步。不少供应商仅在与自己产品有关的局部进行了DLC涂层的试验性研究，一汽集团在某款发动机上进行了较系统的研究，利用物理气相沉积的方法，在发动机挺柱、活塞环及活塞销上沉积DLC涂层，并对其摩擦系数、耐磨损性、结合强度、硬度等性能进行分析，对发动机整机运用系统摩擦学优化设计及采用DLC涂层技术后，发动机整机摩擦损失降低17.1%，有效提升了发动机动力性能，降低比油耗约2.5%；同时在国内首次提出了应用含氢类富勒烯结构DLC涂层降低边界润滑状态下发动机零件摩擦损失的方法，制备了低摩擦系数、高耐磨性、高结合强度的类金刚石碳薄膜发动机零件，解决了边界润滑状态下发动机零件摩擦磨损问题

(续)

重点技术	国内现状
无水冷却液	丙二醇型冷却液作为近年发展的发动机冷却液，在毒性、沸点、冰点、传热、节能、防腐等方面表现出了优异的性能，特别是在高温性能和传热性能方面具有优势，对发动机节能有较好的促进作用，国内目前进行了相关的应用。已有发动机企业、研究机构及生产厂家开始进行丙二醇冷却液的研究及开发工作（一汽解放发动机事业部此前已经开展前瞻性验证工作），但距离推广使用丙二醇类冷却液还有一定距离；浙江大学、上海第二工业大学在纳米流体（将纳米尺寸的金属或氧化物颗粒分散于水、乙二醇及机油等常规传热介质中，形成一种新型的、导热性能极佳的传热介质）的应用上已开展研究工作，该项技术的应用前景有待进一步评估
低内阻CAE仿真技术及研究技术平台	随着时间的发展，发动机中的摩擦行为由于数值分析方法及计算机技术的进步而可以进行准确的仿真分析，其中，发动机活塞-缸筒系统、活塞环-缸筒系统、曲轴-轴承系统是近年来摩擦学仿真分析的研究热点；在活塞-缸筒系统、活塞环-缸筒系统、曲轴-轴承系统摩擦学模型的基础上，一汽自主开发出适合于本公司产品需求的发动机曲柄连杆机构摩擦学工程应用分析软件，在设计阶段可以详细考虑曲柄连杆机构与摩擦相关的结构参数，如活塞裙部型面、活塞环弹力及高度、轴承宽度、缸筒粗糙度等，实际应用效果较好，并具备推广价值。通过开展风洞试验和数值仿真结合的方法，进行低风阻空气动力学特性深入研究，并找到合理的改进方法，对空气动力学正向开发设计具有一定的实际指导意义，同时也为提升我国汽车产业的自主研发和创新做出了一定的贡献
润滑油技术	润滑油的黏度降低可降低发动机的摩擦损失，因此它是未来发动机用润滑油的发展方向，但润滑油黏度的降低会带来高负荷时轴承的油膜建立困难的不利因素，因此在降低机油黏度的同时添加合适的添加剂提高机油的抗剪切能力

5) **混合动力技术进展**。国内混合动力汽车（包括插电式混合动力汽车及油电混合动力汽车）销量快速增长。根据汽车上险数据显示，2018年我国混合动力汽车销量为43万辆（插电式混合动力汽车销量为26万辆，油电混合动力汽车销量为17万辆），环比增长57%。插电式混合动力汽车市场主要由自主品牌汽车占据，而油电混合动力汽车市场长期被进口/合资品牌汽车占据，主要为丰田和本田，日产E-power技术近期越来越受到国内关注。乘用车混合动力技术具体进展见表2-6。

表2-6 乘用车混合动力技术进展

重点技术	国内现状
混合动力专用发动机	长安汽车高压缩比米勒循环发动机实现40%热效率，掌握了双涡管单流道增压和智能热管理等关键技术，实现低压EGR产业化集成，以进一步降低米勒循环发动机在目标工况的油耗及扩大最佳油耗区工况边界

(续)

重点技术	国内现状
专用动力耦合机构、混合动力系统构型优化	当前,国内驱动电机已基本从"纯电磁设计+热实验校核"阶段过渡为"电磁设计部分耦合热设计"阶段。科力远研发的 CHS 系列混合动力机电耦合装置,可适用于不同级别的乘用车和商用车,搭载 CHS1800 系列的吉利帝豪、东风小康风光 580 车型,油耗分别为 4.9L/100km 和 5.8L/100km,相较于原型车均节能 35% 以上
高性能电机	当前国内企业通过改善磁路结构设计,使用扁铜线绕组等技术手段,已有部分驱动电机产品质量功率密度达到 4kW/kg;高速驱动电机最高转速≥16000r/min,最高效率≥97%,超过 85% 的高效区占比≥80%,与国外先进水平相当;此外,长安汽车已开发出电机油水混合冷却技术和新型扁铜线电机定子绕组工艺
电力电子集成控制器	日本、美国和欧洲国家的功率控制单元,集成的部件共享主控制芯片、对外通信模块、传感器、冷却等资源,功率密度高、重量体积小、材料成本低;我国电机控制器、车载充电机和 DC/DC 等车载电力电子变换器大多进行简单的物理集成,功率密度低、重量大、材料成本高,系统集成和优化程度亟待提高
高功率密度电机控制器	电机驱动控制器功率密度和体积密度与国外同类产品存在 20%~30% 的差距,在电机驱动控制器集成度方面,目前我国规模化生产的电机驱动控制器功率密度为 15~20kW/L,低于 20~25kW/L 的国际先进水平,且国外在研的最新一代碳化硅基模块控制器功率密度预计可达到 45kW/L
高水平电池	目前国内运用最多的是三元锂电池和镍氢电池。截至 2018 年,功率型三元锂电池的比功率提高达 10%,电池寿命达 8 年 15 万 km 以上,成本下降 8%,预计到 2020 年下降 10%,但相比能量型的锂电池价格还是偏高;截至 2018 年,镍氢电池比功率提高达 15%,成本下降达 30%,已接近锂电池价格,电池寿命达到 8 年 15 万 km 以上
电控逻辑自主开发及优化	科力远、吉利汽车、长安汽车、上汽和比亚迪汽车等企业的专用动力耦合机构构型不同,但其电控系统均已实现自主开发,目前实际系统搭载的控制器应用层软件已完全实现自主开发。通过不断优化控制逻辑,运用智能算法离线优化关键部件的 MAP 图,或利用云端大数据进行智能能量管理,使得混合动力系统的性能不断提升
轻稀土永磁体	当前,国内主要通过晶界扩散法减少了永磁体的镝含量,降低了材料成本,初步实现了产业化应用,但在晶体颗粒微细化方面仍与国际先进水平有较大差距,永磁材料的制备技术仍有较大提升空间
扁铜线电机设计及制造	当前国内已有部分企业实现了扁铜线电机生产工艺的突破,但受制于生产成本、专利限制以及国内自动化水平,槽内导体数较少(6 或者 8);线包高度较高,自动化程度较低;在电机设计上也尚需要更好地平衡驱动电机高速化与扁线电机交流电阻、槽内导体数少和系列化设计等之间的矛盾
定子拼块铁心与集中绕组设计与制造	当前国内驱动电机企业已能成熟采用定子拼块和集中绕组方案电机,但在定子抱圆的工艺精度、扁铜线集中绕组、集中绕组电机的 NVH 改善及适用范围评估等方面还存在较大提升空间

(续)

重点技术	国内现状
电机转矩瞬态转矩补偿	目前国际先进的混动系统，如丰田 THS 系统、本田 IMMD 系统均在混动控制策略考虑了利用电机转矩响应快速的特性，对发动机转矩进行瞬态补偿；国内科力远的 CHS 系统也在系统控制策略中融入了电机转矩瞬态转矩补偿，起到了较好的节油效果
PCU 功耗优化	日本、美国和欧洲一些国家通过优化控制逻辑算法、共享集成部件的硬件/热管理等资源，有效降低了综合功耗；我国电机控制器、车载充电机和 DC/DC 等车载电力电子变换器目前仍停留在简单的物理集成，控制算法未整体优化，各集成部件资源未考虑共享，功耗优化能力亟待提高
电池系统轻质化	电池包轻质化主要通过用铸铝、型材焊接替代钣金件外壳，应用 SMC 模压、碳纤维增强复合材料制作上盖，整体轻质化达到 30% 以上
系统高效率区扩展、系统最高效率提升	吉利汽车开发的 1.5T 米勒循环发动机搭载 CHS 系统，该发动机燃烧热效率达 37%，满足国六/欧 VI 排放标准；广汽研发的 1.5L 发动机采用阿特金森循环、高压缩比（13）、进排气双 VVT、可变机油泵、滚子摇臂液压挺柱、正时静音链条等技术，发动机最高热效率为 37.6%，在研的下一代混动专用发动机采用阿特金森循环、高压缩比（16）、外部冷却 EGR、热管理模块、电子水泵等技术，最高热效率可达到 40% 以上
高端电池系统设计仿真平台	电池系统设计仿真平台发展迅速，已经建立起基于 CFD 的电池包热管理设计和基于 CAE 的电池包结构设计能力。通过 CFD 仿真出的温度场分布，设计最佳的散热系统；通过拓扑优化和形貌优化分析，实现结构轻量化设计；通过随机振动、冲击、碰撞等分析，进行电池包结构强度设计
电池管理系统	在电池管理系统集成方面，国内电池管理系统主要布置于电池包内部，是一套独立于整车电气系统之外的零部件，不利于与整车控制技术的有效结合，也不利于管理系统成本的降低，而丰田已经实现控制单元与整车控制器融为一体；在电池管理系统 SOP 和 SOH 估算精度方面，目前 SOP 估算精度达 5%，电池包 SOH 估算精度小于 15%，2025 年 SOH 的估算精度可以达到 8%
电池梯级利用及回收技术	国家出台电池回收利用相关的产品编码规则、规格尺寸、余能检测、拆解规范及《新能源汽车动力蓄电池回收利用管理暂行办法》等文件，规范不同应用领域的电池梯级利用，目前已处于实施阶段，最后实现电池拆解、材料回收，在整个过程中实现低能耗、环保、全元素、高附加值回收，实现循环经济
整车控制策略及软件开发平台	科力远、吉利汽车、长安汽车、上汽和比亚迪汽车等企业的整车控制策略均为自主开发，为使平台软件适用于不同的车型，各企业均建立了一整套开发流程和完善的工具链，部分企业的部分项目已通过 ASPICE 或 CMMI 或 ISO 26262 的产品过程开发能力认证

6）替代燃料技术进展。天然气作为车用燃料在全世界 87 个国家和地区进行推广使用，是目前应用最广泛的车用替代燃料。2018 年，我国压缩天然气乘用车销量为 59 万辆，在乘用车销量中占比为 2.5%。长安铃木两用燃料乘用车整车油耗水平（燃气折算）达到 5.1L/100km，上汽动力开发了天然气单燃料专用发动机，燃烧效率进一步提升。在甲醇汽车方面，我国已开展研发和应用，取得了大量的技术成果和宝贵经验，形成了一定的规模。乘用车替代燃料技术具体进展见表 2-7。

表 2-7 乘用车替代燃料技术进展

重点技术	国内现状
CNG 专用发动机	国内已开发 CNG 专用发动机，采用单一 ECU 控制，天然气高压喷射，当量燃烧+三元催化达国六排放标准，利用燃料辛烷值高特性，采用高压缩比燃烧室设计，实现高燃烧速率，采用高能点火并重新优化点火正时、凸轮型线和配气相位有效控制后燃，并重新优化冷却系统，解决发动机热负荷，重新优化摩擦副材料/设计，进一步降低自耗功率，采用耐磨的气门/座圈设计与材料优化，实现发动机耐久性能提升
天然气发动机热力学开发平台	由国家燃气汽车技术研究中心筹建的替代燃料热力学开发平台基本建成，开展基于发动机热力学性能开发、服务替代燃料发动机性能优化、关键零部件的选型验证、发动机的正向开发等，基本具备发动机及零部件仿真计算、燃烧仿真分析、零部件选型实验及优化设计等能力
整车排放控制技术	国六燃气催化器耐久性能进一步提升，当量燃烧排放控制技术具备国六水平，国六燃气 OBD 技术完成升级，燃气组分自适应技术取得突破，覆盖更宽组分差异，潍柴 HPDI 技术国产化进展加速，燃气加氢完成技术积累，准备示范推广
高精度 EGR 控制技术	玉柴采用了孔板式流量设计，利用压差传感器，测量计算 EGR 流量，并反馈控制 EGR 阀开度，实现 EGR 的精确控制
储气技术	轻质碳纤维气瓶开始推广应用，35MPa 气瓶完成技术开发和验证，35MPa 压力标准完成技术论证

(3) 面向目标达成面临的挑战

1）工况测试由 NEDC 转向 WLTC，部分技术的节能效果减弱。理论上来说，WLTC 更接近于真实条件下的路况，而 WLTC 时间更长，使冷起动对整个循环的影响下降，排气管缸盖集成技术被一定程度抑制；WLTC 怠速比例大幅下降，削弱了怠速起停和混合动力等技术的节油效果；WLTC 平均速度、最大速度、最大加速度等都有提升，使得车型负荷增大，油耗增加。WLTC 对大排量、大功率、多档化车辆的节能更有利。

2）混合动力车型系统性开发能力不足，导致混合动力车型的实际运行油耗与工况油耗偏差较大，节油效果不理想。国外成功开发的混合动力车型均是通过对整车+发动机+机电耦合装置+电机+电池+多能源管理的系统优化和升级，提升每一部分的效率，实现整体油耗的改善，而目前国内整车企业在混合动力车型系统性开发能力方面尚有欠缺。

3）**工艺水平制约新技术应用效果，影响产品质量及可靠性**。国内加工工艺水平在一定程度上制约了新技术应用效果。国内企业为预防一致性偏差过大、油品差异性大等问题，标定中一般采取较大余量标定措施，使得节油效果难以达成预期效果。在零部件一致性较差的情况下，产品往往出现一些偶发性质量问题，导致可靠性下降。

4）**部分核心技术开发过度依赖国外供应商，制约新技术发展**。以发动机技术为例，国内企业在开展发动机新技术研究时，需承受巨额的开发费用和较长的开发周期，如高压GDI、先进涡轮增压器、可变气门升程、EGR、稀薄燃烧、可变压缩比、电控、排放后处理等众多核心技术仍掌握在国外供应商手中，国内供应商掌握程度不高。

5）**燃油油品质量制约技术应用效果**。油品含量直接影响汽油机的精细化标定，而我国不同区域汽油的辛烷值及各类芳香烃等等油品含量差异较大。为了防止部分区域应用中将出现批量性问题，标定中必须留出更大的爆燃余量等参数余量，以适应油品的含量波动，这导致发动机不能处于最优工作专题，节油效果将打折扣。同时，汽油中一些有害物质如硫的含量过高会对高压喷油系统、EGR 阀系、塑料管件等带来不同程度损害，导致相应系统出现可靠性下降或堵塞、漏油等问题。

2. 商用车节能技术进展

（1）商用车节能技术总体进展

整体而言，我国商用车主要通过动力总成升级优化来提高整车节油水平，但对智能化节能技术领域的研究相对不足。商用车节能主要指标及实现程度见表 2-8。

表 2-8 商用车节能主要指标及实现程度

领域	《路线图》2020 年关键指标	国内最新进展
动力总成	柴油机热效率达 50%、低速高转矩等	2019 年重型柴油机有效热效率约 46%
混合动力	（到 2030 年）逐步扩大混合动力应用比例，提升整车节油水平	国内在载货汽车混合动力产品开发、推广方面力度较弱，但最近有发展加速的趋势；在客车方面，由于普通混合动力在国内不属于新能源产品，没有政策补贴，因此未能得到大规模的推广
运行效率	（到 2025 年）跟踪智能调度、道路预见性系统、驾驶人改善助手等智能网联技术，公交客车率先应用	一汽、北汽福田已经完成道路预见行驶的技术开发并且满足量产状况，并未最终落地运营；我国在车辆动力特性分析、驾驶人驾驶行为采集、大数据分析方面起步较晚、研究的样品量和深度尚有不足
整车动力学性能	发展低滚阻轮胎	国际低滚阻轮胎在国内应用率不高；国内当前滚阻为 5~7N/kN

（续）

领域	《路线图》2020年关键指标	国内最新进展
轻量化	（到2030年）改善产业生态环境，在结构优化的基础上，逐步提高轻质材料的应用比例，降低整车重量	2015—2019年，重型载货汽车每年减重1%~1.5%；受排放升级等政策的影响，中型载货汽车、VAN类车型整备质量基本稳定
替代燃料	（到2030年）适度发展天然气、生物燃油、甲醇/柴油、二甲醚等替代燃料车型，并持续降低能耗，减少成品油消耗量	目前我国天然气发动机在商用车领域应用较多，但与国外相比，我国天然气发动机技术较落后；2019年4月，吉利推出全球首款甲醇重型载货汽车牵引车

（2）关键技术进展

1）动力总成技术进展。在国内市场，与2017年主流国五排放的商用车柴油机相比，2019年商用车柴油机油耗率有约5g/kW·h的小幅下降，重型柴油机有效热效率约46%。目前，国内载货汽车仍以手动档为主，自动档用量很少，但呈现上升趋势；国内的公路客车还是以手动变速器为主，自动变速器已开始推广，主要用于出口产品。手动变速器的研发逐步成熟，产品覆盖5~16档。商用车动力总成技术具体进展见表2-9。

表2-9 商用车动力总成技术进展

重点技术	国内现状
柴油发动机	我国柴油发动机节能技术重点是发展高压共轨、低速高转矩的重型柴油机，通过逐步提高燃油喷射压力和灵活可变的喷油规律，改善燃烧从而逐步提高热效率。与2017年国内市场上主流国五排放的商用车柴油机相比，2019年国内市场上的商用车柴油机油耗率有小幅约5g/kW·h的下降，当前重型柴油机有效热效率约46%
变速器	目前国内载货汽车以手动档为主，自动档用量很少，但呈现上升的趋势；公路客车同样以手动变速器为主，但自动变速器已开始推广，主要用于出口产品 国内商用车手动变速器的研发逐步成熟，产品覆盖5~16档产品，主要的变速器厂家具备研发的能力，如法士特、上汽齿、万里扬等，但与国外产品相比，在齿轮材料、产品设计理论及验证、产品质量稳定性方面还存在差距。在自动变速器方面，经过多年的努力，国内自动变速器在研发上陆续取得成功，但在总成电子控制、关键零部件、可靠性等方面仍与国际高水平存在差距，如双离合控制模块、系统控制软件、变矩器、电磁阀等。在商用车AMT方面，一汽、东风汽车、法士特、万里扬等相继研发了AMT产品，但在产品性能、软件控制、可靠性等方面与国际高水平存在差距，目前没有广泛的应用

2）电子电器技术进展。以道路预见、列队行驶等技术为代表的智能化节能技术，在实际使用工况中对商用车有明显的节油效果。目前，国内商用车道路预见技术处于研究阶段，尚无明确的应用道路预见技术节油的量产先例。国内多家企业已在港口、干线物流园

区、园区－港口间固定高速路线等特定场景实现列队行驶的验证、测试及运营。商用车电子电器技术具体进展见表2－10。

表2－10　商用车电子电器技术进展

重点技术	国内现状
道路预见	道路预见行驶技术受地图数据的精度、发动机和变速器的逻辑处理算法、报文发送内容、GPS信号强弱、道路等级属性等多种因素影响。根据市场调研，目前国内仅一汽、北汽福田完成道路预见行驶的技术开发并且满足量产状况，但限于国内地图"两号"未获得国家批复，并未实现批量生产。根据道路验证测试反馈，道路预见行驶技术在国内高速公路路段的节油效果达到3%左右
列队行驶	国内近年来有很多针对列队行驶的研究。由于国内公路道路情况相对复杂，多家企业选择港口、干线物流园区、园区—港口间固定高速路线等特定场景开展商用车列队行驶。目前国内最优技术能够做到车速保持在80km/h时车—车间距为15m。北汽福田、东风商用车、中国重汽等企业已纷纷在特定场景实现列队行驶验证、测试及运营，日后在高速公路、城市配送方面也将实现列队行驶落地。但列队行驶技术发展仍面临一些问题：单体载货汽车造价昂贵，载货汽车若想满足列队驾驶，自身的硬件是基本，诸多的摄像头、雷达、控制单元等，会使其造价远高于普通载货汽车；对车队中载货汽车的一致性要求较高，列队驾驶车队所使用的载货汽车，在动力配置、货物重量方面，需要保持一定的同步；在任何情况下，车辆之间各种信息都能保证快速稳定的传输等
驾驶行为辅助系统	近十几年，我国车辆保有量急速增长，驾驶人对车辆的操控能力参差不齐、道路质量等级跨度大，急需分车型对驾驶人的不良驾驶习惯进行指正，起到改进助手的作用。在车辆动力特性分析、驾驶人驾驶行为采集、大数据分析方面，我国比欧、美、日起步晚，研究的样品量和深度有差距。驾驶行为辅助系统的技术短板，包括国内对车辆动力特性的基础研究不够深入，构建数据模型和大数据分析能力较弱。驾驶行为改进建议需要结合车辆动力特性、道路基础设置和交通拥堵状况有针对性地提出。在高速公路上，驾驶技术娴熟的驾驶人比驾驶技术一般的驾驶人平均节约燃油8%~10%；通过指导驾驶技术一般的驾驶人，尽量匀速行驶、在经济行驶区行驶，减少不必要的急加速、急减速，可节油约5%~9%

3) 低阻力技术进展。国内商用车低阻力技术经过近五十年的发展，与欧、美、日的差距不大，接近国际先进水平。同时，国内排放标准及燃油限值方面的法规逐步加严，推动了低阻力技术的发展。目前，国内主流载货汽车轮胎滚动阻力系数为5~7N/kN，公交客车轮胎滚动阻力系数多为6~7N/kN。商用车低阻力技术具体进展见表2－11。

表2－11　商用车低阻力技术进展

重点技术	国内现状
载货汽车低风阻	由于国内法规对载货汽车有长度限制，为了追求货运效率，国内载货汽车驾驶室多采用平头驾驶室，与国外主流的长头驾驶室相比，平头驾驶室风阻稍高。当前，载货汽车整车制造商对整车降风阻工作较为重视，但挂车多属于单独的制造商，载货汽车整车制造商对主挂匹配及挂车降风阻工作重视度稍低

（续）

重点技术	国内现状
客车低风阻	国内客车行业对整车的流线形设计开展了一定的研究，国内部分公交产品也开始采用一定的流线形设计以降低风阻；但专用于降低风阻的导流装置等设计在国内客车上仍比较少见
低滚阻	国内轮胎的滚阻系数较国际先进水平相比略有差距。受成本及耐磨里程等限制，国际低滚阻轮胎在国内有商品化应用，但应用率不高。目前国内主流载货汽车轮胎滚动阻力系数为 5~7N/kN，公交客车轮胎滚阻系数多为 6~7N/kN

4) **混合动力技术进展**。国内载货汽车混合动力产品开发、推广方面的进展不如国外大，但最近开始呈现加速发展的趋势。在客车方面，由于国内油电混合动力汽车不属于新能源产品，没有政策补贴，因此未能得到大规模推广。商用车混合动力技术具体进展见表 2-12。

表 2-12 商用车混合动力技术进展

重点技术	国内现状
载货汽车混合动力技术	并联式混合动力系统主要应用于物流输送用的中、重型载货汽车；串联式混合动力系统主要应用于轻型载货汽车、矿山/港口应用的重型载货汽车、非道路车辆、农用车辆。国内在载货汽车混合动力产品开发、推广方面进展不如国外大，但近期有加速发展的趋势
客车混合动力技术	由于普通混合动力在国内不属于新能源产品，没有政策补贴，因此未能得到大规模的推广。宇通已在出口的客车产品中逐渐开始推广以超级电容储能的混联构型的混合动力系统，但规模尚小

5) **替代燃料技术进展**。天然气车型方面，天然气商用车在国内已有一定的规模应用，但由于我国对天然气发动机的研究起步较晚，天然气发动机技术相对落后。在甲醇车型方面，近年来，在政策支持下，甲醇商用车加速发展。吉利在 2019 年 4 月推出了全球首款甲醇重型载货汽车牵引车。商用车替代燃料技术具体进展见表 2-13。

表 2-13 商用车替代燃料技术进展

重点技术	国内现状
天然气车型	传统点燃式天然气发动机是在柴油机基础上改进和开发的，与国外相比，我国天然气发动机技术较落后，国内市场上天然气发动机热效率低于 38%，而欧洲天然气发动机热效率已达到 40%，主要原因是各大主机厂在天然气发动机节能研究方面起步较晚。 2018 年，潍柴 HPDI 天然气发动机已完成国六排放水平的开发验证，该发动机采用柴油微引燃缸内直喷天然气的燃料喷射系统，实现类似柴油机的扩散燃烧方式，在原柴油机结构基础上无需改变活塞压缩比，无节流阀，因此设计改动较少。相比于传统点燃式天然气发动机，HPDI 发动机动力性强、经济性好，试验结果表明在满足国六排放前提下能够达到与柴油机相同的功率和转矩，同时其热效率超过 45%

(续)

重点技术	国内现状
甲醇车型	2012年，工信部开始甲醇汽车试点工作，包括重型载货汽车、客车、公交车、多用途车等不同类型的甲醇商用车投入试点，正式拉开了我国甲醇汽车产业化的序幕。目前，国内甲醇商用车技术主要有山西靖烨、吉利汽车的单一甲醇燃料的点燃式技术，以及天津大学开发的柴油/甲醇双燃料燃烧或柴油/甲醇组合燃烧技术。与山西靖烨和吉利汽车的点燃式甲醇商用车不同，天津大学的柴油/甲醇组合燃烧技术是以压燃方式工作。经过五年的试点验证，之前国内甲醇商用车的甲醇腐蚀性、高温气阻、甲醇溶胀性以及冷起动等技术难题已经基本解决，并且在动力学和经济性方面均取得了非常好的成绩。2018年初，各城市的甲醇汽车试点工作全部通过工信部、国家发改委、科技部联合开展的项目验收。在2019年3月，工信部等八部委联合印发的《关于在部分地区开展甲醇汽车应用的指导意见》，推动我国的甲醇汽车发展进入快车道。 吉利汽车在2019年4月26日正式推出了吉利远程M100全球首款甲醇重型载货汽车牵引车，该发动机在潍柴12.54L柴油机基础上设计改进而成，采用汽油起动、暖车后转为纯甲醇运行，最大功率达460马力（约338.3kW），最大爬坡度达到30%，与传统柴油机车不相上下

（3）面向目标达成面临的挑战

1）缺乏高端柴油机的支撑。高爆压、高轨压、高压缩比是未来柴油机节能技术的显著特征，将成为衡量全球柴油机生产厂商水平的重要标准，没有这些基础条件无法实现高效燃烧和做功。目前，国内市场上主流重型商用车柴油机爆发压力只有16~18MPa，距离实现50%有效热效率需要的大于25MPa爆发压力存在较大差距，各大主机厂需要投入大量时间和资源进行高端柴油机的研发。

2）缺乏高性能核心零部件的支持。以燃油系统和增压器为例，目前国内商用车柴油机燃油喷射压力为160~180MPa，增压器总效率低于50%，而达到50%有效热效率目标需要250MPa燃油系统和大于55%增压器总效率，显然在国内还找不到这种可产品化的高水平发动机零部件供应商。

3）排放标准升级，商用车节能效果受到影响。随着排放标准升级，国内商用车减排压力远高于节能，排放升级（尤其是后处理系统的增加）伴随着油耗的损失，势必影响节能效果。

3. 车用燃油技术进展

（1）车用燃油技术总体进展

2017年1月1日，我国开始实施第五阶段车用汽柴油标准。各炼油企业于2016年底前完成了炼油技术、装置设备的更新升级以及相应的调整，车用汽油硫含量降低到10mg/kg以下，实现无锰化，达到国际先进水平。在烃组成方面，降低烯烃含量限值至24%。车用柴油硫含量降低到10mg/kg以下，提高十六烷值至51，达到国际先进水平。

2017年9月，国家发改委等十五部委下发《关于扩大生物燃料乙醇生产和推广使用车用乙醇汽油的实施方案》。文件强调，扩大生物燃料乙醇生产和推广使用车用乙醇汽油，要在保障国家粮食安全基础上，立足国内供应，科学有序推进生物燃料乙醇生产和车用乙醇汽油推广使用。文件同时提出，到2020年，在全国范围内推广使用车用乙醇汽油，基本实现全覆盖。

2019年1月1日起，我国汽油产品全面开始执行国六A阶段标准，车用柴油全面开始执行第六阶段标准。汽油的芳烃、烯烃、苯含量进一步下降，车用柴油多环芳烃进一步下降，指标达到欧盟标准，部分指标严于欧盟标准。此外，降低了汽油T50限值，增加了柴油总污染物指标。

(2) 各关键技术进展

汽车行业正积极研发和推广应用的节能技术，对车用燃油品质提出了更为严格的要求，同时也为我国燃油技术发展提供了借鉴和参考。根据汽车节能技术发展的需要，《路线图》对未来车用燃油的要求主要体现在两方面：①未来车用燃油应能够满足节能汽车技术发展需求，如提高高辛烷值车用汽油比例，增加汽油氧化物的使用，提高柴油十六烷值等；②未来车用燃油应能够保障应用新技术的汽车长久稳定高效的工作，如提高油品质量稳定性，增加柴油总污染物监控，细分汽油蒸发性能需求以满足汽车发动机正常工作等。根据上述两方面的要求，结合汽车节能技术的需要，对车用燃油技术从汽油技术进展、柴油技术进展和其他技术（包括油品质量稳定性、柴油总污染物等）进展三方面进行评估。

1) 汽油技术进展见表2-14。

表2-14 汽油技术进展

重点技术	国内现状
质量稳定性	我国第六阶段车用燃油主要质量指标已达到世界先进水平，但与国外相比，质量稳定性差距比较大。我国车用汽油从2000年已实现无铅化，同时要求汽油中铁含量不高于0.01g/L，且不得人为加入含铁的添加剂，从2000年开始控制锰含量，并逐步降低，第五阶段车用汽油标准要求汽油锰含量在0.002g/L以下，并禁止人为加入含锰添加剂，实现无锰化；我国第五阶段车用汽油标准开始明确规定"车用汽油中所使用的添加剂应无公害作用，并按推荐的适宜用量使用。车用汽油中不应含有任何导致车辆无法正常运行的添加物和污染物。车用汽油中不得人为加入甲缩醛、苯胺类、卤素以及含磷、含硅等化合物"。此规定将为汽油市场监管提供依据，有利于保持汽油质量稳定性
烯烃、芳烃	从2017年1月1日起，我国全面实施第五阶段车用汽油标准，降低烯烃体积分数限值至24%，我国炼油企业采取加氢脱硫工艺等技术手段完成了相应的调整。从2019年1月1日起，我国汽油产品全面开始执行国六A阶段标准，烯烃体积分数进一步降低到不大于18%，芳烃体积分数降低到不大于35%。从2023年1月1日起，我国汽油产品将全面执行国六B阶段标准，烯烃体积分数将进一步降低到不大于15%，我国炼油企业通过降低催化裂化汽油中烯烃含量，增加异构化、烷基化等环境友好型高辛烷值组分含量，从而在降低芳烃、烯烃的同时，有效地补偿辛烷值的损失

(续)

重点技术	国内现状
辛烷值	我国汽油池平均组成以催化裂化汽油和催化重整汽油为主,二者总量超过一半,作为比较清洁且适合用作配方调合的高辛烷值组分烷基化汽油和异构化汽油比例很少,导致目前汽油池从组成及辛烷值分布上都呈"两头高、中间低"的哑铃形结构,与欧美国家汽油池催化、重整汽油各占30%,其余为烷基化汽油、异构化汽油的桶形结构形成较大的差异
苯含量	汽油中的苯通过蒸发排放和燃烧不完全等途径进入大气中,从而污染环境、危害人类健康,目前大多数国家要求汽油中的苯体积分数不大于1.0%,我国第六阶段车用汽油标准要求苯体积分数不大于0.8%,比欧盟、日本汽油标准严格
汽油蒸发性能要求	第六阶段加严了50%蒸发温度(T50)限值,从第五阶段的不高于120℃降低到不高于110℃,T50的降低有利于降低排放。我国不同地区气候条件差异显著,从保证汽车的正常使用的角度而言,不同地域应当配合以相适应的燃油,并配合有效的市场监管以保证油品质量的稳定性;因此需要深入研究不同的环境温度下发动机正常工作对车用汽油蒸发性能更具体的需求

2) 柴油技术进展见表 2‑15。

表 2‑15 柴油技术进展

重点技术	国内现状
十六烷值	从保障发动机正常使用的角度考虑,应当研究提高柴油十六烷的可能性,将其控制在一个合理的范围内,以保证其同时具有较好的排放性能。2017年1月1日执行的第五阶段车用柴油标准,十六烷值指标限值已提高至51,已达到国际先进水平
多环芳烃	柴油中芳烃含量是影响柴油机排放的一个重要因素,特别是对尾气排放物中颗粒物有较为明显的影响,欧盟柴油标准中要求多环芳烃质量分数不大于8%;我国从2009年公布的车用柴油标准开始要求多环芳烃体积分数不大于11%,第六阶段车用柴油进一步加严了多环芳烃含量限值,要求多环芳烃体积分数不大于7%,严于欧盟指标

3) 其他技术进展见表 2‑16。

表 2‑16 车用燃油其他技术进展

重点技术	国内现状
汽油质量稳定性	我国第五阶段车用汽油标准开始明确规定"车用汽油中所使用的添加剂应无公害作用,并按推荐的适宜用量使用。车用汽油中不应含有任何导致车辆无法正常运行的添加物和污染物。车用汽油中不得人为加入甲缩醛、苯胺类、卤素以及含磷、含硅等化合物"。对于甲缩醛、苯胺类、氯、硅的检测,自2016年来我国开展了大量的试验方法建立工作,部分试验方法标准已发布并实施,部分工作仍在研究过程中,随着检测手段的完善及管理手段的加强,未来非法添加剂的加入及污染物的产生将得到有效的抑制

(续)

重点技术	国内现状
柴油总污染物	我国第六阶段车用柴油国家标准采用总污染物指标代替机械杂质来评价柴油清洁性能,指标限值为24mg/kg,与欧盟标准一致,总污染物指标的引入可以加强对市场上车用柴油清洁性能的质量管理
车用乙醇汽油的推广使用	按照《关于扩大生物燃料乙醇生产和推广使用车用乙醇汽油的实施方案》,到2020年,在全国范围内推广使用车用乙醇汽油,基本实现全覆盖

(3) 发展建议

我国车用燃油主要质量指标已达到世界先进水平,但油品质量稳定性与国外相比仍有一定差距。为了使车用燃油更好地支撑节能汽车技术发展,提出关于车用燃油的建议如下:

1) **对车用燃油提出更具体、精准的要求**。在油 – 车相互关系及适配性方面展开更深入研究,对车用燃油提出更加具体、精准的需求,从而为我国的燃油标准制定、燃油产品设计、油品生产提供准确的参照。

2) **开发新技术,调整生产装置及工艺**。我国炼油行业需根据车用燃油需求及我国原油、炼油特点,研发适合我国国情的新技术,调整生产装置、生产工艺以供应满足未来汽车需求的车用燃油产品。

3) **加强车用燃油市场的监管**。加强对燃油市场的监管,使我国车用燃油不仅满足产品标准,而且性能优良、质量稳定。

(二)轻量化技术进展

1. 总体进展评估

针对《路线图》轻量化部分2020年的阶段目标,具体评估情况见表2 – 17。

表2 – 17 《路线图》2020年目标实现评估情况

《路线图》2020年关键指标	2019年进展和目标实现评估
平均整备质量较2015年减重10%	从工信部发布数据分析,我国乘用车平均整备质量出现增加情况,达不到预计减重目标,主要原因是受国内市场销售车型结构影响,如SUV车型和新能源汽车比例变化,同时调研一汽、长城、江淮等主要汽车企业,在2015—2019年,主要车型实现减重8%～10%,与《路线图》中预定减重目标基本一致

(续)

《路线图》2020年关键指标	2019年进展和目标实现评估
600MPa以上高强钢应用达到50%	统计分析国内近五年20多个主要车型,长城汽车WEY VV7、东风风神AX7等车型600MPa以上高强钢应用已达到50%,但是80%以上车型的600MPa及其以上高强度钢应用比例在35%~45%,即行业平均水平没有实现50%的目标
单车用铝量达到190kg	近几年,我国汽车用高性能铝合金产品越来越多,包括转向节、摆臂及电池和电机系统等,同时奇瑞eQ1、北汽新能源LITE 蔚来ES6、爱驰U5、蔚来ES8等车型大量选用铝合金,其中蔚来ES8车身铝合金用量超过了300kg,因此,2020年单车铝合金用量190kg的目标是可以实现的
单车用镁量达到15kg	受耐腐蚀性能弱、力学性能低、成本高等因素影响,镁合金大批量产业化应用受限,目前仅用于仪表板支架、方向盘骨架等部件,用量不超过5kg/车,2020年15kg/车的目标难以实现
碳纤维有一定使用量,成本比2015年降低50%	2015年以来,上市的前途K50、蔚来ES6已经选用碳纤维产品,实现了碳纤维复合材料产业化,同时国内积极开展热塑性碳纤维复合材料产业化应用研究,工艺成本已降低50%,因此,2020年的目标可以实现,但是由于技术路线调整,2025年、2030年的目标难以实现

2. 各关键技术进展评估

2015年,中国汽车工程学会组织编写了《路线图》,其中明确了轻量化技术路线和阶段目标,并根据产业需求,制定了优先发展项。《路线图》实施以来,引起汽车上下游等全产业链积极响应,一是积极引导行业和企业,完善汽车轻量化长期发展战略和产业布局;二是明确了轻量化技术路线和阶段目标,确定了不同阶段需要解决的轻量化关键技术。实施近五年来,引导行业突破了一批轻量化关键技术,部分技术和产品达到国际领先水平。

(1) 轻量化结构优化技术

结构优化设计是实现汽车轻量化的重要技术路径之一,是汽车轻量化产品开发的前提和基础。近年来,国内汽车领域轻量化优化设计得到了汽车整车和零部件企业广泛重视,设计方法快速发展。

在以材料分布最优为目标的结构拓扑优化设计方法研究方面,从承受静载、简单工况的拓扑优化设计,向承受复杂冲击载荷和多工况联合结构拓扑优化的方向发展;应用范围从原来的主要用在汽车支架类零件,向着底盘零部件和车身结构件拓扑优化设计领域延伸;随着纤维增强复合材料在汽车上开始应用,拓扑优化方法也从较成熟的各向同性材料结构的拓扑优化设计,逐渐向各向异性材料的领域发展。

在以结构性能最优的结构轻量化设计方法研究方面，已经从原来的结构参数化设计、结构-性能单目标或多目标优化设计，向着参数化与结构-材料-性能一体化集成多目标协同优化设计的方向发展，一些轻量化设计案例中还考虑零件材料成本和成形工艺方面的约束条件限制，使结构轻量化优化设计方法能更好地应用于汽车产品开发实际。在车身结构轻量化设计方面，从只针对车身弯扭刚度和主要低阶模态频率线性响应性能的轻量化设计，发展成为基于整车结构抗撞性的非线性响应指标的优化设计，随着车身结构优化设计有限元模型计算规模和复杂程度的大幅度增加，优化设计方法也从直接优化设计方法向建立不同代理模型的间接优化设计方法延伸。在汽车底盘结构件的轻量化设计方面，从主要考虑零件结构强度、变形和模态频率的结构优化设计方法，逐渐开始探索基于疲劳寿命的结构轻量化设计方法。强各向异性长（连续）纤维增强复合材料的材料静动态力学性能表征和结构设计方法也在研究探索中，材料性能数据库构建、结构建模和分析精度有待进一步研究和提高，以便应用于汽车产品研发实际。

随着汽车尤其是车身结构用材向多元化的方向发展，异种材料连接接头的高精度有限元建模、性能分析和优化设计方法，开始成为结构优化设计领域研究热点之一。

总之，近年来国内汽车结构轻量化优化设计方法取得长足的进步，已经成为汽车轻量化重要的、不可缺少的技术手段。随着国内汽车轻量化技术研发的不断深入，必将产生更多、更新、更加实用的结构轻量化设计方法。

2019年9月上市的东风风神奕炫车型（燃油轿车）通过采用全参数化轻量化设计、尺寸优化、形状/形貌优化等技术，与上代车型相比，在白车身扭转刚度提升和轻量化系数降低的前提下，实现减重11.4kg（图2-1）。2018年12月上市的长城欧拉R1（纯电动车）通过采用拓扑优化、薄壁化、形貌优化等技术，实现与原始设计相比减重30.5kg（图2-2）。

图2-1 东风风神奕炫的结构优化效果

图 2-2 长城欧拉 R1 的结构优化效果

（2）轻量化材料及成形工艺技术

1）高强度钢及其成形工艺。 高强度钢因其具有性价比高、产业链相对成熟等优势，目前仍然是国内外汽车企业轻量化首选的材料。2015 年以来，我国乘用车用高强度钢发展较快，整体进展分析见表 2-18。

表 2-18 高强度钢及其成形技术进展

高强度钢	2015—2019 年进展	存在的问题
高强度钢产品体系	目前，我国已经形成了从 210MPa 到 2GPa 强度钢等级的产业化产品，具体自主供货能力。2017 年，本钢 2GPa 高强度钢在北汽新能源汽车上应用，属于全球首次；2018 年，宝钢开发和验证完成了 1500/1700 MPa 辊压成形高强度钢，满足产业化需求；2019 年 5 月，热成形钢 AL-Si 镀层也取得突破性进展，完成了镀层开发，并获得美国通用汽车认证；2019 年 8 月，鞍钢完成了 5% 低密度 980MPa 材料轧制和实验室验证，提前实现了 2020 年预期目标	随着汽车轻量化进入"深水区"，高强度钢产业化应用还需要在《路线图》1.0 版的基础上，进一步加强以下研究： 1）动载荷下高强度钢关键性能评价技术和延迟断裂评价等技术难题突破 2）加强疲劳性能分析与典型零部件疲劳性设计能力、失效机理与控制技术开发 3）需要进一步加强高强度钢系统评价技术与基础数据库、高强度钢评价体系建设 4）短流程、高效率、低成本高强度钢成形工艺与关键装备开发等工作还需要深入研究
车身用高强度钢	统计发现，2015 年及其以后上市车型，乘用车车身用高强度钢基本都在 50% 以上（图 2-3），达到欧美等国际同等水平，其中长城汽车、广汽等的车型高强度钢应用达到 70% 以上	
材料开发与应用关键技术	基于《路线图》1.0 版本，借用国家自然科学基金委和行业资源，先后开展了（超）高强度钢组织性能调控与延迟断裂和疲劳性设计等 20 项专项技术研究，突破了多项高强度钢应用关键技术，达到预期目标	
典型成形工艺与装备	汽车钢主要采用冷/热冲压、辊压和内高压成形 4 种工艺，各种成形工艺相对成熟。其中，热成形工艺与装备发展加快，目前我国已经建立 150 多条线生产线，形成年产 1 亿件以上，具备完整的产业化能力	

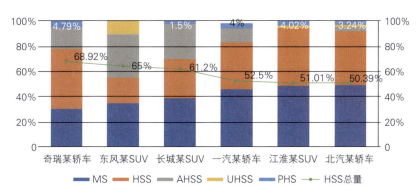

图 2-3　2016—2018 年国内典型钢质乘用车车身高强度钢应用情况

注：数据来源为 2016—2018 年中国轻量化车身会议。

在商用车用钢方面，底盘和货厢、驾驶室等系统大量选用高强度钢，如大梁、车厢板、车轮、桥壳等典型零部件，但是与德国和美国商用车用钢相比，现阶段用钢强度主要为 410MPa、510MPa、610MPa、700MPa，部分使用在 700 MPa 以上（图 2-4），低于国外同类产品 100~200 MPa，同时针对 600MPa 以上高强度钢冷成形技术还需要进一步提升。

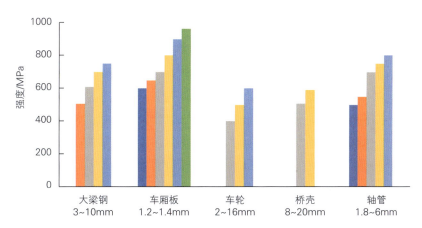

图 2-4　我国商用车典型部件的强度级别（横轴标注为钢板厚度或钢管壁厚）

注：数据来源为 2018 年太钢钢铁集团数据。

2）铝合金及其成形工艺。汽车用铝合金有铝合金板材、铝合金挤压材、铝合金锻材、铝合金铸材 4 大类，常采用高压铸造、低/差压铸造、挤压铸造、重力铸造等多种成形工艺。2015 年以来，我国在铝合金及其成形技术方面取得进展和存在的问题见表 2-19。

表 2 – 19 铝合金及其成形技术进展

铝合金	2015—2019 年进展	存在的问题
材料种类	2015 年以来，我国重点加强了 5 系、6 系、7 系铝合金板材及高性能挤压铝合金、高性能铸锻铝合金材料开发，目前 5 系铝合金板材、高性能挤压铝合金和铸锻铝合金材料均有较大突破，具备产业化生产或小规模供货能力，且西南 5 系铝合金板材通过通用汽车认证	1）6 系、7 系铝合金板材性能还需要进一步提升 2）铝合金成形过程中精准仿真技术亟待提升 3）加快解决大尺寸铝合金零部件成形过程中尺寸控制的关键技术 4）铝合金覆盖件用气垫炉淬火装备、先进铝合金铸锻装备还需要加大研究
材料应用情况	随着全铝车身成套应用关键技术的突破，奇瑞 eQ1、蔚来 ES6/8、北汽 LITE、爱驰 U5 等全铝车身先后上市，部分铝合金车身用量达 65% 以上。铝合金应用正逐步扩展到转向底盘、车身和新能源电池系统等零部件，如转向节、摆臂、车轮、动力电池包壳体	
材料成形工艺与装备	在国家项目的支持下，通过产业链上下游的合作，我国铝合金板材、高性能挤压铝合金、高性能铸锻铝合金材料成形工艺及模具、大吨位铸锻装备等产业化应用的关键技术等进展较快。同时，还开展了铝合金成形过程中流变行为和系统仿真分析能力的研究	

奇瑞 eQ1 和蔚来 ES8 分别代表 A00 级和 B 级车型（图 2 – 5 和图 2 – 6），大量选用铝合金板材、挤压铝合金型材、压铸铝合金及航空级 7003 系列铝合金等材料，如奇瑞 eQ1 车身铝型材的比例达 66.9%，铝板材占 24.2%；蔚来 ES8 采用压铸铝合金及航空级 7003 系列铝合金。

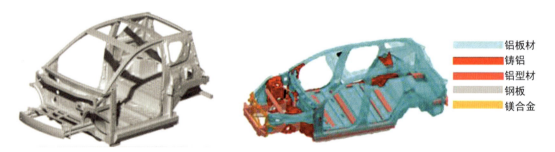

图 2 – 5 奇瑞小蚂蚁全铝车身框架　　　　图 2 – 6 蔚来 ES8 白车身用材示意图

3）镁合金及其成形工艺。受成本高、耐腐蚀性差等因素影响，目前镁合金产业化应用量较少。现阶段镁合金以铸造件为主，主要集中在车身和底盘零件，如仪表盘骨架、座椅骨架、轮毂等，常用的体系有 AZ（Mg-Al-Zn）系、AM（Mg-Al-Mn）系、AS（Mg-Al-Si）系和 AE（Mg-Al-RE）系四大系列。2015 年以来，我国镁合金及其成形技术进展见表 2 –20。

表 2-20 镁合金及其成形技术进展

镁合金	2015—2019 年进展	存在的问题
材料开发与应用	受多种因素制约,现阶段镁合金用量受限,但是东风汽车、宝钢、哈尔滨工业大学等单位积极开展镁合金的 BGX9、AZ91 镁合金体系开发,解决了镁合金自燃和耐腐蚀等技术难题,分别实现了锻造后裸材中性盐雾腐蚀速率 0.1667 mm/y、7.46mm/y,现已经进入东风供应商体系	1)变形镁合金用熔炼结晶器及半连续铸造工艺和装备落后,缺乏核心技术
镁合金应用关键技术	受多种方式支持,长安汽车、北京汽车、中通客车和宝钢针对减速器耐蚀镁合金壳体、镁合金前端模块、电动客车(图 2-7)等产品,突破了新型镁合金设计与制备、型材快速挤压技术、异种材料的连接技术和表面处理技术、典型零部件结构设计与优化等多项核心技术	2)镁合金专用成型工艺与核心装备缺失 3)镁零部件设计所需典型镁合金材料的基础参数缺乏,无系统性测试、准确性差,缺乏系统性镁合金零部件设计准则和快速评估体系
镁合金成形工艺与装备	近年来,国内不仅加大镁合金铸造工艺开发力度,也在积极研究镁挤压型材成形装备和系统,如宝钢开发出线微张力牵引-矫直系统等取得巨大成就,显著提高镁型材平直度,实现材料尺寸和综合力学性能的稳定性	4)镁合金材料纯净度较低,材料成本高,耐腐蚀性能还有待进一步提升

图 2-7 镁合金车身骨架图

4)非金属材料及其成型工艺。 非金属材料是实现汽车轻量化重要技术手段,其材料种类较多,概括地分为先进工程/改性塑料和树脂基纤维增强复合材料。

① 先进工程/改性塑料。从轻量化角度来看,该材料主要应用于汽车内外饰、覆盖件、动力系统等零件中,典型的零部件有仪表板骨架、前后保险杠、门护板及发动机水管等,该类材料进展较快,统计结果见表 2-21。

表2-21 先进工程/改性塑料进展

先进工程/改性塑料	2015—2019 年进展	存在的问题
材料种类	由于轻量化等要求，国内已形成薄壁化、低密度、高耐划伤和高耐老化的产品体系，且具备产业化能力，如保险杠用高流动率PP、翼子板和覆盖件用高耐划伤和耐老化PP类等	1）先进工程塑料或改性塑料自给率还需要提升，尤其针对PA612、PA6T等先进材料需要组织开发和推动产业化 2）大尺寸先进工程塑料零件的尺寸精度控制、耐蠕变性能检测与评价技术待提高，并需要进一步建立系统控制技术 3）低密度、低线性膨胀系数、低气味等材料开发能力与产品体系还需要进一步完善
材料应用情况	该类材料应用正从一般结构件扩展到性能要求更高的覆盖件，如翼子板、后背门外板等，如图2-8所示，对先进工程塑料或改性材料要求越来越高，并在奇瑞等新能源汽车上开始产业化	

图2-8 覆盖件用先进工程/改性塑料示意图

② 纤维增强复合材料。该类材料主要应用在结构件上，主要有玻纤增强复合材料、碳纤维增强复合材料，其中玻纤增强复合材料应用相对成熟，纤维增强复合材料进展见表2-22。

表2-22 纤维增强复合材料进展

复合材料	2015—2019 年进展	存在的问题
材料开发与应用	玻纤增强复合材料产业化应用相对成熟，已经在国内自主汽车企业大批量产业化。近年，汽车用碳纤维增强复合材料越来越受到重视，吉林石化、天久碳纤维（图2-9）、上海石化等均开发出大丝束碳纤维，同时工信部在《重点新材料首批次应用示范指导目录（2018—2019年版）》中明确了汽车专用碳纤维的需求。2018—2019年，前途K50、ES6相继上市车型，累计30多个件已选用碳纤维复合材料	1）适合大批量产业化的大丝束碳纤维复合材料性能和质量还需要进一步提升 2）需要降低碳纤维复合材料成本，目标是80元/kg，同时提高其零部件的生产效率

(续)

复合材料	2015—2019年进展	存在的问题
材料成型工艺	纤维增强复合材料成型主要分为热塑性工艺和热固性成型工艺。在产业化过程中,两种工艺各有利弊,由于热固性成型工艺生产效率较低,适合中小批量产品,如HP-RTM等,现阶段主要提升生产效果,进展较快,可以实现5~10分钟/件。热塑性碳纤维复合材料成型工艺发展较快,将会成为大批量生产的主要工艺之一,如注塑工艺、模压工艺、拉挤工艺等,注塑和模压工艺相对成熟,目前正在开展碳纤维复合材料毡等工艺研究	3)短流程、高效率热塑性碳纤维复合材料成型工艺和关键装备等研究不足,短期实现产业化难度较大 4)碳纤维增强复合材料蠕变性、动载荷下性能演变及疲劳性能等关键性能的工程化应用与设计的关键技术还需要进一步完善,疲劳等性能还需要开展专题研究 5)复合材料基础数据系统和标准体系需要完善
复合材料应用关键技术	2015年至今,先后设立复合材料关键性能评价和疲劳性设计以及复合材料开发、关键性能评价与结构设计等专题,专门从事应用关键技术开发,已经形成了初步的应用基础	

2018年6月,齐齐哈尔天久碳纤维科技有限公司在国内投产首条500t 48K大丝束碳纤维生产线,该生产线的投产也标志着国内突破大丝束工业级碳纤维的技术,该项目得到中国工程院杜善义院士等行业专家高度评价和认可,也为工业级尤其是汽车领域规模化应用奠定了基础。

图2-9 天久公司500t 48K大丝束碳纤维生产线和产品

(3) 连接工艺进展

随着以钢为主、全铝车身和多材料车身发展,连接种类和技术要求也呈现多元化。如高强度钢、高性能铝合金、纤维增强复合材料等多材料车身,其连接方式呈现出高强度钢与铝合金板材、高强度钢与碳纤维复合材料、高强度钢与玻纤增强复合材料、铝合金与复合材料、复合材料之间等多种连接方式。自2015年以来,多种连接方式进展较快,成就显著,连接工艺进展见表2-23。

表 2-23 连接工艺进展

连接工艺	2015—2019 年进展	存在的问题
"以钢为主"连接工艺	以钢为主车身是汽车钢之间重要的连接方式，随着汽车钢发展，该项技术进展比较快，尤其是 1470MPa 钢、2000 MPa 钢及其 Al-Si 镀层焊接技术，在连接方式上，1470MPa 钢、2000 MPa 钢与低碳钢、高强度钢进行连接，2017 年该技术已经具备产业化条件，2019 年宝钢又突破了 Al-Si 镀层焊接技术，并达到国际领先水平	1）没有建立以钢为主、全铝车身、多材料为主的连接工艺系统的设计规范和技术标准体系 2）国内缺少完善的高应变下多材料连接接头性能演变和失效模式、疲劳性能等连接的基础数据系统 3）没有建立多材料连接工艺设计、性能评价、连接装备、质量控制等系统的控制技术与管控体系 4）连接数学模型构建和仿真模拟的精度需要进一步提高
"全铝车身"连接技术	以奇瑞 eQ1、蔚来 ES6、北汽 LITE 等为代表的全铝车身，形成了多种连接工艺，分别在 2017 年、2018 年完成连接技术攻关，建立连接工艺设计的关键技术和数值模拟数学模型，突破了产业化应用的核心技术	
"多材料车身"连接技术	以高强度钢、铝合金、复合材料形成的多材料车身，形成了 6 种典型连接方式，目前已经突破连接工艺设计关键技术，并建立连接工艺动态性能评价等成套技术数据，加强了典型连接方式的设计规范和技术标注、基础数据系统的建设，开发完成连接工艺的关键装备，形成了比较有代表性的企业，如湖北博士隆，实现产业化应用	

小结：对比分析《路线图》1.0 版本中轻量化工作目标及优先发展项，受多种因素影响，整车轻量化减重、高强度钢、镁合金等阶段目标无法实现，但是高性能铝合金、低成本碳纤维复合材料及连接工艺等轻量化关键技术正按照预定目标推进。

3. 面向目标达成面临的挑战

在《路线图》中，针对整车轻量化目标和高强度钢、铝合金、镁合金、碳纤维复合材料等提出的阶段目标，经过近 5 年的实施发现具有挑战性。

（1）整车轻量化阶段目标

受汽车消费结构变化和新技术（主要是电动化、智能化）发展等多重因素的影响，2015—2019 年我国乘用车整车平均整备质量呈现增长的趋势。可以预测，随着我国汽车消费结构变化和电动化、智能化进一步发展，《路线图》1.0 版中设定的 2025 年、2030 年轻量化目标无法实现。

针对上述情况，一是 2015 年制定轻量化阶段目标时，国内缺少乘用车整车轻量化评价规范，无章可循；二是设定轻量化目标时没有充分考虑到汽车消费结构和新技术对整车轻量化影响，因此在修订过程中建议采用《乘用车整车轻量化系数计算方法》（CSAE 115—2019）方法，可以避免市场销售车型结构因素对整车轻量化指标的影响。

（2）高强度钢开发及应用目标

从长城汽车发布的信息获悉，其 WEY VV7 车身选用 600MPa 钢及其以上的比例达 50%，同时分析 2016—2019 年中国轻量化车身会议 20 款车型的数据（图 2-10），从中发现，仅有 1 款车型选用的 600MPa 钢及其以上的强度钢级别（包括先进高强度钢、超高强度钢、热成形钢）超过了 50%，另外发现 80% 以上车型选用抗拉强度 600MPa 以上 AHSS 尚未达到 50% 的目标。

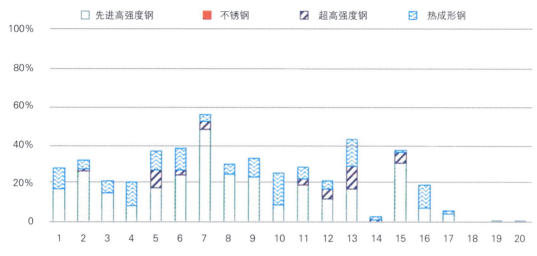

图 2-10　我国乘用车部分车型的车身用高强度钢情况统计

数据来源：2016—2019 中国轻量化车身会议。

出现上述现象，有技术、用材体系、用材理念和产品设计中考虑性价比等多种原因。一是高强度钢在产业化中回弹、延迟断裂、应力腐蚀、连接等关键技术尚未系统解决；二是东风汽车、奇瑞新能源、蔚来汽车等单位，部分车型采取了全铝车身的用材体系和设计理念；三是高强度钢成本较高。

（3）铝合金开发及其应用目标

截至 2019 年，我国已经完成了 5 系铝合金板材、高性能铸锻铝合金材料及其连接技术开发，并完成了产业化和中小批量验证工作，成功应用在奇瑞 eQ1、蔚来 ES6、北汽新能源 LITE、爱驰 U5 等多个车型。尽管实现了《路线图》的阶段目标，但是在产业化中还有大量技术需要系统研究：一是进一步提升材料的强度和韧性，扩大材料应用范围；二是完善铝合金加工过程材料流变行为的机理及模拟算法等基础研究，提高工艺设计能力；三是加强高性能铝合金零部件一体化设计和关键性能检测与评价能力等。

（4）镁合金开发及其应用目标

《路线图》中提出到 2020 年实现镁合金的力学性能提升 50%，单车用镁量达到 15kg 的目标。但是，从镁合金使用来看，目前仍然集中在转向盘骨架、仪表板骨架、安装支架等零件上，单车用镁量约 1.5kg，距单车用镁量 15kg 的目标差距较大。主要原因仍然是：镁合金力学性能较低，耐蚀性差，成本高。

（5）碳纤维增强复合材料应用目标

截至 2019 年 12 月，国内前途 K50、蔚来 ES6、北汽 LITE 等车型率先在国内实现了碳纤维的产业化应用，突破了产业化应用的部分关键技术，但是，对国内外上市车型用材分析，现阶段主要还是"以钢为主"的用材理念。制约碳纤维复合材料在汽车行业大规模产业化因素分别是成本和生产效率。

三、战略支撑和保障措施评估

（一）汽车产业技术发展宏观环境

1. 节能汽车

（1）发展节能汽车是保障国家能源安全的重要措施

据《2018 年国内外油气行业发展报告》，2014—2018 年我国石油对外依赖度快速上升（图 2-11），2015 年首破 60%，2018 年我国石油净进口量 4.4 亿 t，同比增长 11%，石油对外依存度升至 69.8%。2019 年，我国的石油对外依存度还继续上升，原油和石油的对外依存度双双突破 70%。

图 2-11　2014—2018 年我国石油进口量及对外依赖度

汽车成品油的巨额消耗已成为我国石油对外依赖度持续攀升的主力推手之一，在未来5～10年，我国汽车工业格局仍将以传统汽车为主，因此推动传统汽车节能化发展可大幅减缓成品油消耗量增长速度，从而有力保障国家能源战略安全。

(2) 发展节能汽车是打赢"蓝天保卫战"的重要手段

近年来，我国城市大气污染日趋严重，雾霾频现。党的十九大报告提出"打赢蓝天保卫战"，这是暨《大气污染防治行动计划》以来，我国整治污染排放、提高环境质量的另一项重要举措。2018年以来，各省市积极响应"打赢蓝天保卫战"，并制定了各自的行动方案各地区行动计划发布情况见表2-24。

表2-24 各地区行动计划发布情况

省/市	发布时间	文件名称
郑州市	2018年2月6日	《郑州市2018年大气污染防治攻坚战实施方案》
安徽省	2018年2月23日	《2018年安徽省大气污染防治重点工作任务》
北京市	2018年3月21日	《北京市蓝天保卫战2018年行动计划》
深圳市	2018年4月21日	《2018年"深圳蓝"可持续行动计划》
陕西省	2018年4月22日	《陕西省铁腕治霾打赢蓝天保卫战三年行动计划（2018—2020年）》
广东省	2018年5月7日	《广东省打赢蓝天保卫战2018年工作方案》
天津市	2018年5月30日	《天津市2018年大气污染防治工作方案》
湖南省	2018年6月18日	《湖南省污染防治攻坚战三年行动计划（2018—2020年）》
珠海市	2018年7月2日	《珠海市打赢蓝天保卫战2018年工作方案》
上海市	2018年7月3日	《上海市清洁空气行动计划（2018—2020年）》
山西省	2018年7月29日	《山西省打赢蓝天保卫战三年行动计划》
山东省	2018年8月3日	《山东省打赢蓝天保卫战作战方案暨2013—2020年大气污染防治规划三期行动计划（2018—2020年）》
广西壮族自治区	2018年8月6日	《广西大气污染防治攻坚战三年作战方案（2018—2020年）》
吉林省	2018年8月9日	《吉林省落实打赢蓝天保卫战三年行动计划实施方案》
天津市	2018年8月23日	《天津市打赢蓝天保卫战三年作战计划（2018—2020年）》
云南省	2018年9月11日	《云南省打赢蓝天保卫战三年行动实施方案》
贵州省	2018年9月25日	《贵州省打赢蓝天保卫战三年行动计划》
重庆市	2018年9月29日	《重庆市贯彻国务院打赢蓝天保卫战三年行动计划实施方案》
辽宁省	2018年10月13日	《辽宁省打赢蓝天保卫战三年行动方案（2018—2020年）》
江苏省	2018年10月17日	《江苏省打赢蓝天保卫战三年行动计划实施方案》
甘肃省	2018年10月23日	《打赢蓝天保卫战三年行动作战方案》
浙江省	2018年10月24日	《浙江省打赢蓝天保卫战三年行动计划》

（续）

省/市	发布时间	文件名称
湖北省	2018年10月27日	《湖北省打赢蓝天保卫战行动计划（2018—2020年）》
黑龙江省	2018年11月17日	《黑龙江省打赢蓝天保卫战三年行动计划》
石家庄市	2018年12月29日	《石家庄市打赢蓝天保卫战三年行动计划（2018—2020年）》
福建省	2018年11月6日	《福建省打赢蓝天保卫战三年行动计划实施方案》
青海省	2018年11月24日	《青海省打赢蓝天保卫战三年行动计划实施方案（2018—2020年）》
广东省	2018年12月29日	《广东省打赢蓝天保卫战实施方案（2018—2020年）》
四川省	2019年1月12日	《四川省打赢蓝天保卫战实施方案》
甘肃省	2019年5月15日	《甘肃省打赢蓝天保卫战2019实施方案》
阳泉市	2019年8月23日	《打赢蓝天保卫战2019年行动计划》

我国是世界上最大的 CO_2 排放国，2013年 CO_2 排放量占全球排放量的四分之一，2015年我国在巴黎气候大会上郑重承诺："CO_2 排放2030年左右达到峰值并争取尽早达到峰值，2030年单位国内生产总值（GDP） CO_2 排放相比2005年下降60%~65%"。我国已通过技术改良和节能措施，成功降低了一些城市的工业排放率，但经济的快速增长意味着碳排放量在短时间内仍呈现增长趋势。

CO_2 排放量的25%来源于汽车排放，汽车节能减排对整个社会的节能减排有重要的意义。传统汽车保有量基数大、减排空间也较大，汽车节能减排将是汽车工业支撑达成巴黎气候大会2030年承诺目标的"排头兵"。

（3）发展节能汽车是实现"中国制造2025"和汽车强国的重要途径

节能与新能源汽车是"中国制造2025"重点发展的十大领域之一，是汽车产业未来发展的主攻方向，因此必须大力推进传统汽车节能化发展，谋求核心技术重点突破，加快基础理论、产品技术、装备制造等各个环节的提升，促进自主创新能力比肩国际先进水平，从而鼎力支撑"中国制造2025"的顺利实施。

无论是从创新驱动发展，还是从国民经济的可持续健康发展来看，具有大规模效应与产业关联带动作用的汽车产业都应是战略必争产业。汽车产业以其在国民经济中的重要地位和对经济增长的重要贡献，被列为国家的战略性竞争产业。我国必须加强技术创新、跨产业协同融合，加快推动实现汽车产业在新一代信息技术、清洁能源技术发展大背景下的转型和变革，这样才符合汽车强国的发展要求。

2. 轻量化

近年来，随着全社会对汽车轻量化重要意义认识的不断深化，政府将汽车轻量化纳入国家政策支持方向，如工信部、交通运输部等部委先后发布了《汽车产业中长期发展规划》《"十三五"交通领域科技创新专项规划》《"十三五"材料领域科技创新专项规划》《新材料产业发展指南》等，明确提出了节能与新能源汽车轻量化的发展方向和支持内容，尤其将高强度钢、高性能铝合金与镁合金、先进纤维增强复合材料和连接技术等作为重点扶持和培育内容，很大程度上促进了轻量化技术的发展，保障了轻量化技术路线图的实施。

（二）支持政策效果

1. 节能汽车

(1) 国六排放标准提前实施，加快汽车产业转型升级

2016 年 12 月 23 日，环境保护部、国家质检总局联合发布《轻型汽车污染物排放限值及测量方法（中国第六阶段）》；2018 年 7 月 3 日，国务院印发《打赢蓝天保卫战三年行动计划》；2018 年 6 月 22 日，环境保护部、国家质检总局发布《重型柴油车污染物排放限值及测量方法（中国第六阶段）》。

国六法规的实行，对传统汽车动力总成，特别是燃油系统的影响深远。新法规里每一子项的升级，都要求汽车相关系统技术的更新换代，也间接加速各企业对汽车核心零部件的研发进程，促进我国节能汽车的排放升级。

(2) "双积分"政策考核在即，新政策有利于节能汽车技术提升

2017 年 9 月《乘用车企业平均燃料消耗量与新能源汽车积分并行管理办法》（简称《积分办法》）出台。在《积分办法》的推动下，我国乘用车平均油耗进一步降低，新能源汽车发展迅速，但企业为了应对政策，对企业技术路线做出调整，加大新能源汽车的研发力度，对传统节能汽车投入减少，影响节能汽车技术的发展。

为更好发挥《积分办法》作用，促进我国节能与新能源汽车产业的高质量发展，2019 年工信部两次对《积分办法》进行了修订与完善。在第二次征求意见稿中，明确了低油耗车型概念，对低油耗车型新能源汽车积分达标值核算优惠，明确新能源车不参与核算的企业平均燃料消耗量实际值，并规定新能源汽车正积分转结平均燃料消耗量必须满足一定要求，政策有利于提高车企开发节能技术的积极性，促进节能与新能源车的协同发展。

(3) 七部委联合发文助推甲醇汽车的推广应用

2019 年 3 月，工信部、国家发改委等七部委联合出台了《关于在部分地区开展甲醇汽车推广应用的指导意见》，正式将甲醇汽车提到汽车产业和消费市场的面前。

高比例甲醇经济优势明显，相比汽油燃料，燃油费可节省一半；相比压缩天然气，可节省 20%～30%。国务院办公厅发布的《关于加强发动机工业节能减排的意见》中指出，鼓励替代燃料发动机与现有发动机制造体系兼容；积极开展汽油/甲醇双燃料点燃式发动机、柴油/甲醇双燃料压燃式发动机的应用试点工作；加强发动机高效燃用替代燃料、有效控制非常规排放等基础研究，重点掌握耐醇燃料供应系统等关键核心研究。

(4) 汽车产业投资管理规定支持发展高效发动机、先进自动变速器等节能技术和产品

2018年12月，国家发改委发布了《汽车产业投资管理规定》（以下简称"规定"），于2019年1月10日施行。该规定涉及整车及零部件整个产业链，将在很大程度上影响汽车行业未来的投资行为和业绩表现，对产业转型升级形成良好的布局，发挥了积极作用。同时，该规定在节能汽车领域重点支持发展高效发动机、先进自动变速器和混合动力系统等节能技术和产品。

(5) 发展规划明确重点任务，促进节能汽车发展

2017年4月25日，工信部等三部委联合发布的《汽车产业中长期发展规划》提出包括"先进节能环保汽车技术提升工程"在内的八项重点工程。2018年11月6日，中国《汽车产业中长期发展规划》八项重点工程实施方案正式公布，明确了各项重点工程的重点工作。在先进节能环保汽车技术提升方面，工作重点包括研发高效率发动机，实现国六排放技术产业化，制定商用车节能积分管理办法，加快混合动力系统应用，促进节能小型车发展，推进中国汽车道路行驶工况应用和提升轻量化水平。这一系列产业规划为节能汽车发展注入了强劲的动力，将从顶层设计方面引领节能汽车产业发展。

2. 轻量化

(1) 有力推动了企业轻量化目标和战略规划的制定

汽车轻量化技术路线图和国家有关支持政策的发布，推动和引导了国内企业制定轻量化目标和战略规划。东风汽车、长安汽车、广州汽车、北京汽车等国内企业结合轻量化需求，参照《路线图》制订了轻量化的发展目标，有力地推动轻量化技术发展和《路线图》的落地。

钢铁行业、有色金属行业、化工行业等上下游企业结合《路线图》要求，明确了轻量化产品与技术布局，完善了企业轻量化技术开发方向和企业投资方向，为我国轻量化技术的进步奠定了基础。

(2) 有力推动了我国汽车轻量化技术的进步和发展

为了更好地落实《路线图》中轻量化的规划，汽车轻量化技术战略联盟依托国家重大项目和专项资金，选取高强度钢、底盘用高性能铝合金、先进纤维增强复合材料、连接技术及高性能铝合金板材用气垫炉等50多个项目，已经推动了1200MPa、1500 MPa、1800

MPa、2000 MPa 超高强度钢系列产品与应用关键技术开发，并取得重大突破；同时，高性能铝合金与镁合金、先进复合材料和连接技术业已完成阶段技术开发，有力推动我国轻量化技术的进步和发展。

(3) 有力推动了我国汽车轻量化上下游产业体系的完善

集全行业资源优势，系统梳理和建立了节能与新能源汽车轻量化技术路线图，明确各阶段目标和技术开发方向，并先后借助科技部新能源汽车重点研发专项和行业"众筹"项目等资源，联合联盟内 50 多家材料企业、零部件企业、汽车企业等上下游产业联合开展技术攻关，完善了汽车轻量化上下游产业体系。

（三）行业联合情况

为促进汽车轻量化的发展，中国汽车工程学会及汽车轻量化技术战略联盟加快推进《路线图》优先发展项，在积极争取国家项目的同时，也开展了多个自筹项目或众筹项目，具体情况如下：

1. 国家项目

2015 年，汽车轻量化技术战略联盟组织 31 个骨干企业申报了科技部新能源汽车重点研发专项《电动汽车结构轻量化共性关键技术研究与应用》，针对碳纤维复合材料、铝合金、镁合金、超高强度钢动态性能、典型复杂零部件成形技术和多材料连接技术等技术方向进行专项技术攻关，初步建立了碳纤维复合材料界面与零件结构不同铺层设计导致的各向异性对零部件性能影响的规律性；构建了碳纤维复合材料与钢、铝合金、镁合金连接结构的数学模型和疲劳失效的数值分析和评价方法；掌握了全新架构电动汽车车体和电池仓框架指标分解、结构优化和性能集成方法，建立了全新架构电动汽车结构 – 材料 – 性能一体化多目标优化设计方法，为新一代全新架构电动汽车结构轻量化正向设计开发提供理论与技术基础。

2. 众筹项目

从 2015 年起，汽车轻量化技术战略联盟先后组织国内 40 多家汽车上下游企业，联合开展以低成本碳纤维为主的多材料车身、轻量化电动商用车示范项目等众筹项目，开展纤维增强复合材料、汽车高强度钢、高性能铝合金的多材料轻量化技术路线和 30 多个典型零部件轻量化应用热塑性碳纤维、多材料连接、高性能铝合金等成套技术开发，完善技术标准体系和基础数据，以推动我国汽车用碳纤维等先进轻量化材料与先进技术的产业化。

四、结论和建议

（一）主要结论

（1）乘用车节能技术主要围绕动力总成展开并取得显著成绩

目前，在增压直喷新机型研究上，国内各车企已大量应用高压缩比（12~13）、米勒循环、变排量附件、低阻力技术等先进节能技术，汽油机的热效率正逐步靠近40%的国际先进水平。未来，通过新机型的量产将基本上实现《路线图》中2020年汽油机热效率平均达到40%的目标。近几年，我国自动变速器呈爆发式增长，市场占比由2012年的30%左右上升至2018年的70%左右，并且预计未来自动变速器市场份额有望进一步上升，国内自主品牌车企实现了自动变速器技术及产业化突破，形成了DCT、AT、CVT多种技术路线发展的格局。

（2）48V混动系统的快速发展对整车节能形成支撑

目前，国内外诸多汽车零部件供应商都在研发48V混动系统，国内涉及该领域的企业有精进电动、上海电驱动等。国内多家整车厂已成功上市搭载48V混动系统的车型，更多整车厂商正在开发和应用48V混动系统。

（3）混合动力技术领域短板正逐步补齐

在乘用车方面，比亚迪、广汽、上汽、科力远等企业各自研发了专用动力耦合机构，并分别搭载在不同的车型上取得了明显的节油效果。商用车在混合动力产品开发、推广方面的进展落后于国外，但呈现加速的趋势。

（4）节能技术发展尚缺乏自主零部件企业的有力支撑

一方面，节能技术升级整体受制于基础制造工艺；另一方面，节能技术发展缺乏高性能核心零部件支持。

（5）商用车智能化节能技术仍有较大应用空间

商用车智能化节能技术在实际使用中有明显的节能效果，如以道路预见为主的智能辅助驾驶系统、列队行驶技术。国内多家车企已开展对此类技术的研究，但应用起步较晚，仍有较大应用空间。

（6）汽车轻量化技术路线图推动行业轻量化技术进步的效果明显

在《路线图》的推动下，我国汽车轻量化技术取得了一系列的成果和标志性的进展。总体上来看，我国在高强度钢开发与应用方面，已基本达到国际同等水平，在铝合金和碳纤维复合材料应用方面已经开始起步。结合近年来的进展，在铝合金和镁合金应用，特别是镁合金应用方面的目标需要进行调整，对于轻量化整体水平指标，即采取全社会平均整备质量减重目标的方式，需要采取分级别的平均整备质量减重目标或者其他指标进行评估。

(7) 我国在多个轻量化技术方面依然存在问题和短板

近年来，虽然我国轻量化技术得到了快速发展，但是在设计软件、工艺掌握、高寿命模具、零部件成形和连接装备方面依然落后于国外，需要加大研究和开发力度。

（二）相关建议

(1) 加强行业政策对节能汽车研发、推广的引导，持续推进节能汽车技术进步

新能源汽车大规模普及还需要一定的时间，短期内传统能源依然是汽车动力的主要来源。通过应用高效动力总成、混合动力以及其他节能技术降低车辆能耗，能够缓解能源压力和环境问题，是现阶段的首选。出台行业相关政策时对节能汽车进行引导，鼓励节能汽车研发、生产及消费；对核心技术研发及产业化单位给予一定的政策扶植，帮助其迅速实现核心节能技术产业化。

(2) 遵循产业培育、技术优化、有效竞争、扩大份额的基本发展路线，扩大替代燃料的节能推广应用

在既有动力技术条件下，提出替代燃料的专属解决方案，突出替代燃料的竞争优势；完善替代燃料发动机正向开发平台技术建设，以排放标准体系为背景，规范市场竞争，加大技术研发投入，发展高效节能技术，逐步提升替代燃料的应用水平，实现高质量发展。

(3) 提升我国市场上的车用燃油质量稳定性

建议尽快出台相关化合物或元素检测手段的文件，并加强监管；加强燃油组分运输、存储、调合过程中的质量控制，使管理更加精细化、程序化、系统化；通过质检、环保、工商、经信等多部门合作，加大对市场供应油品质量的抽检，切实规范市场行为。

(4) 加强汽车行业与炼油行业的深入合作

车用乙醇汽油的全面实施不仅对我国炼油行业汽油池的组成产生深远的影响，对汽车动力性能、排放性能及燃油经济性能也产生重要影响，已引起汽车行业的关注。因此，汽车行业和炼油行业应深入合作，加强油-车相互关系及适配性方面的研究，以制定符合我国炼油工业和汽车工业现状的燃油标准，促进我国炼油工业和汽车工业稳定持续发展。

(5) 继续完善汽车轻量化协同创新体系

汽车轻量化涉及的产业链长、产业企业多，只有通过有效的协同创新，才能实现轻量化技术的快速和高质量发展。因此，建议继续整合各方智力资源，组建汽车高强度钢板、

高性能轻质合金、非金属材料、连接工艺、结构优化设计等专业领域联合实验室、创新中心,并依托产业集群等资源,形成全国性、区域性轻量化创新组织生态网,加强原始创新,增强对汽车基础研究和前瞻技术研究的供给。

(6) 继续在国家层面给予协同创新项目的资金投入

汽车轻量化的技术点分散、上下游企业多,国家层面协同创新项目的资金投入,能够有效集聚行业优势力量,引导和推动汽车轻量化上下游的技术进步和发展,从而能够有力支撑国家节能减排战略、新能源汽车战略和智能网联汽车战略的实施。

(7) 适时推出汽车轻量化相关标准和节能汽车轻量化的引导政策

汽车轻量化已经进入"深水区",建议加大对轻量化材料性能评价、典型联合轻量化设计、先进连接工艺设计、核心装备及工艺仿真模拟等关键技术开发,逐步建立汽车轻量化技术标准体系和基础数据系统。建立加大汽车轻量化的相关政策、资金引导和支持,继续为轻量化的开展营造良好的发展氛围。

附录

附录 A 数据透视趋势

（一）2018 年我国石油表观消费量超过 6.1 亿 t

2000 年以来，中国能源消费总量持续增长（图 A-1）。2018 年为 46.4 亿 t 标准煤（发电煤耗计算法），为 2000 年（14.7 亿 t 标准煤）的 3.15 倍。从能源结构看，煤炭消费占比继续降低，天然气等清洁能源消费占比进一步增长，一次能源消费结构趋于优化。

2018 年，在天然气和可再生能源的引领下，全球一次能源消费迅速增长。然而，碳排放量以七年来最高的速度上升，一次能源消费以 2.9% 的速度增长，几乎是 10 年均值（1.5%）的两倍，也是自 2010 年以来最快的增速。2018 年我国石油消费量 6.1 亿 t，同比增长 3.4%，增速较上年下降 1.2 个百分点。成品油消费量约 3.3 亿吨，同比增长 2.0%。其中，汽油消费小幅增长，柴油消费保持平稳，煤油消费快速增加。2018 我国石油进口创新高、国内产量下降趋势减缓，原油净进口量达到 4.6 亿 t，同比增长 10%，原油对外依存度达到 71%。2018 年，我国石油产量明显递减的势头有所减缓，全年原油产量 1.89 亿 t，比上年下降 1.3%，明显低于 2016—2017 年的减产幅度。2016—2017 年，我国原油产量连续两年出现较大幅度下降。2016 年产量比 2015 年下降 1487 万 t，降幅 6.9%，2017 年产量下降 818 万 t，降幅 4.1%。2018 年我国原油产量仅比 2017 年下降 300 万 t，下降 1.3%，降幅大大收窄。

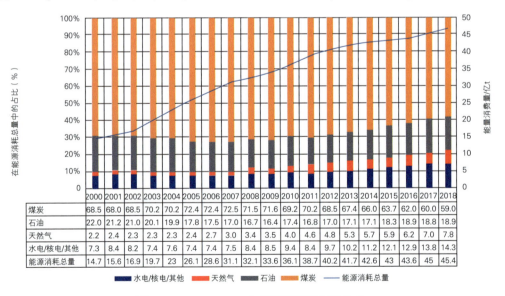

图 A-1 2000—2018 年能源消费总量及构成

注：1. 能源消耗总量单位为亿 t 标准煤，其余数据为各部分占消耗总量百分比。

2. 资料来源为《BP 世界能源统计年鉴 2019》《2018 年国民经济和社会发展公报》《中国能源发展报告》。

2018年我国能源消费结构不断优化，非化石能源和天然气的消费比重分别达到14.3%和7.8%。我国全年能源消费总量46.4亿t标准煤，比2017年增长3.3%。煤炭消费量增长1.0%，原油消费量增长6.5%，天然气消费量增长17.7%，电力消费量增长8.5%。煤炭消费量占能源消费总量的59.0%，比2017年下降1.4个百分点；天然气、水电、核电、风电等清洁能源消费量占能源消费总量的22.1%，上升1.3个百分点。

（二）2018年汽车工业增加值增长4.9%，支柱产业地位仍有待提升

"把汽车制造业作为重要的支柱产业"，是1986年"七五"计划首次明确提出的。产出规模大、产业关联度广是支柱产业的基本特征。经过六个五年计划的发展，我国汽车工业规模持续增长：汽车产量从1985年的44万辆增长到2018年的2781.9万辆，销量比2017年少4.1%，2018年汽车工业增加值增长4.9%。

汽车工业增加值从92亿元增长到1万3千多亿元。就发展规模而言，国家发改委政策研究室专家曾建议（薛燕，2013年），支柱产业的增加值在国民生产总值（GNP）中所占比重应达5%左右（目前，我国GDP和GNP相差0.5%左右），如图A-2所示。多年来，我国汽车产业发展较快，但增加值占全国GDP比重的提升幅度不大，距离支柱产业5%左右的水平仍有较大差距。

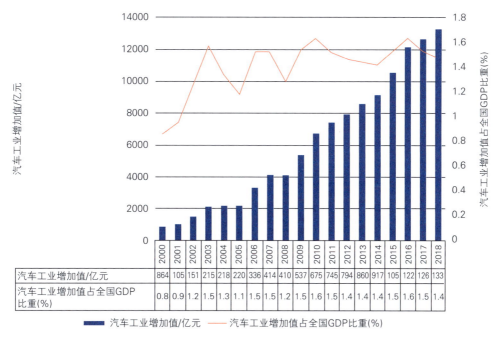

图A-2 2000—2018年汽车工业增加值及其占全国GDP比重

注：1. 根据《中国统计年鉴2016》对往年GDP数据的调整进行计算，与本报告2016年版有所不同。
2. 资料来源为《中国汽车工业年鉴2018》《中国统计年鉴2017》《中华人民共和国2018年国民经济和社会发展统计公报》。

（三）我国千人汽车保有量首次超过世界平均水平

2000年在中共中央关于制订"十五"计划的建议中，首次提出"鼓励轿车进入家庭"，开启了中国汽车产业以规模迅速扩张为特点的发展阶段。中国汽车保有量从2001年的1802万辆增长到2017年的20816万辆，增长了11倍多。截至2018年底，全国汽车保有量达2.4亿辆，比2017年增加2285万辆，增长10.51%。从车辆类型看，小型载客汽车保有量达2.01亿辆，首次突破2亿辆，比2017年增加2085万辆，增长11.56%，是汽车保有量增长的主要组成部分；私家车（私人小微型载客汽车）持续快速增长，2018年保有量达1.89亿辆，近五年年均增长1952万辆；载货汽车保有量达2570万辆，新注册登记326万辆，再创历史新高。新能源汽车保有量达261万辆，全年增加107万辆。2018年，全国新能源汽车保有量达261万辆，占汽车总量的1.09%，与2017年相比增加107万辆，增长70%。其中，纯电动汽车保有量211万辆，占新能源汽车总量的81.06%。从统计情况看，近五年新能源汽车保有量年均增加50万辆，呈加快增长趋势。截至2019年6月底，国内汽车保有量已达2.5亿辆，如果按13.95亿人口计算，中国千人汽车保有量已经达到179辆，超过2019年世界千人汽车保有量平均170辆的水平。这是中国汽车保有量首次超过2.5亿辆，也是千人汽车保有量首次超过世界平均水平，但远低于世界发达国家500~800辆/千人的水平，在发展中国家中，中国的千人汽车保有量大约处于发展中国家的中上等水平，这与中国人均GDP的水平基本一致。2018年，中国人均GDP接近1万美元，处于中等收入国家偏上水平。

（四）各部委发布多项政策及标准，污染物排放控制更加严格

为促进机动车污染防治技术进步，改善环境质量，国家生态环境部组织修订了《机动车污染防治技术政策》，于2017年12月11日正式发布实施。政策鼓励有条件的地方提前实施轻型车和重型车第六阶段排放标准；新生产柴油车应安装符合要求的颗粒过滤器（DPF）、选择性催化还原（SCR）等排气后处理装置；营运重型商用车应采用车载诊断（OBD）远程监控技术，加强检测和维护，根据检验状况，对达到报废标准的机动车实施强制报废。2018年7月3日，国务院正式对外发布《打赢蓝天保卫战三年行动计划》（简称《行动计划》），提出经过三年努力大幅减少大气污染物排放，以及"在发展绿色交通体系方面，加快车船结构升级，推广使用新能源汽车"的规定。

2017年，环境保护部发布实施了更严格的新生产机动车排放标准，见表A-1，包括：《在用柴油车排气污染物测量方法及技术要求（遥感检测法）》（HJ845—2017），此方法适用于在用车的排放监督抽测；《重型柴油车、气体燃料车排气污染物车载测量方法及技术要求》（HJ857—2017），自2017年10月1日起实施，此标准是对《车用压燃式、气体燃料点燃式发动机与汽车排气污染物排放限值及测量方法（中国Ⅲ、Ⅳ、Ⅴ阶段）》（GB

17691—2005）的补充，适用于满足 GB 17691—2005 第五阶段标准的重型柴油车、气体燃料车的新生产机动车排放达标检查和在用符合性检查。

表 A-1 新生产汽车环保标准

车辆（发动机）类型	标准标号	标准名称
轻型汽车	GB 18352.6—2016	轻型汽车污染物排放限值及测量方法（中国第六阶段）
	GB 18352.5—2013	轻型汽车污染物排放限值及测量方法（中国第五阶段）
	GB 19755—2016	轻型混合动力电动汽车污染物排放控制要求及测量方法
	GB 1495—2002	汽车加速行驶车外噪声限值及测量方法
	GB 3847—2018	柴油车污染物排放限值及测量方法（自由加速法及加载减速法）
	GB 18285—2018	汽油车污染物排放限值及测量方法（双怠速法及简易工况法）
重型汽车（发动机）	GB 17691—2018	柴油车排气污染物排放限值及测量方法（中国第六阶段）
	GB 3847—2018	柴油车污染物排放限值及测量方法（自由加速法及加载减速法）
	GB 18285—2018	汽油车污染物排放限值及测量方法（双怠速法和简易工况法）
	GB 11340—2005	装用点燃式发动机重型汽车曲轴箱污染物排放限值
	GB 1495—2002	汽车加速行驶车外噪声限值及测量方法
	GB 20890—2007	重型汽车排气污染物排放控制系统耐久性要求及试验方法
	GB 14762—2008	重型车用汽油发动机与汽车排气污染物排放限值及测量方法（中国Ⅲ、Ⅳ阶段）
	GB 14763—2005	装用点燃式发动机重型汽车燃油蒸发污染物排放限值及测量方法（收集法）
	HJ 689—2014	城市车辆用柴油发动机排气污染物排放限值及测量方法（WHTC 工况法）
	HJ 437—2008	车用压燃式、气体燃料点燃式发动机与汽车车载诊断（OBD）系统技术要求
	HJ 438—2008	车用压燃式、气体燃料点燃式发动机与汽车排放控制系统耐久性技术要求
	HJ 439—2008	车用压燃式、气体燃料点燃式发动机与汽车在用符合性技术要求
	HJ 857—2017	重型柴油车、气体燃料车排气污染物车载测量方法及技术要求
低速汽车	GB 19756—2005	三轮汽车和低速货车用柴油机排气污染物排放限值及测量方法（中国Ⅰ、Ⅱ阶段）
	GB 19757—2005	三轮汽车和低速货车加速行驶车外噪声限值及测量方法（中国Ⅰ、Ⅱ阶段）
	GB 18322—2002	农用运输车自由加速烟度排放限值及测量方法

注：资料来源为《中国机动车环境管理年报 2018》。

（五）汽车保有量快速增长，所有主要污染物排放总量继续下降

自"十一五"开始的2006年全面实施国二以来，我国汽车排放法规升级加速。汽车保有量从2006年的3697万辆增加到2018年的24028万辆（图A-3），在增长6倍多的情况下，汽车各主要污染物排放总量小幅增长或基本持平（图A-3）。多项大气污染物浓度实现了大幅下降，全国环境空气质量总体改善。从2016年开始，汽车污染物排放呈现全面下降趋势；2018年，主要污染物排放进一步下降。

具体来看，全国汽车CO排放量从1993年、1998年和2007年分别超过1000、2000和3000万t；HC排放量从1991年、1996年和2000年分别超过100、200和300万t；NO_x排放量从1986年、1993年、1997年、2001年和2009年分别超过100、200、300、400和500万t；颗粒物排放量从1982年、1989年、1993年和2000年分别超过10、20、30、40和50万t。到2018年，全国汽车CO、HC、NO_x和颗粒物排放量分别为2859.3万t、326.7万t、521.9万t、422万t。

图A-3 2006—2018年汽车保有量与污染物排放变化趋势

注：资料来源为《中国移动源环境管理年报（2019）》。

（六）国产乘用车企业 CAFC 整体达标，2018 年未达标企业数量增加

第四阶段油耗国家标准（GB 27999—2014）要求，到 2020 年，车企燃油限值要从 2015 年的 6.9L/100km 降至 5.0L/100km，年均降幅 6.2% 左右。根据工信部关于中国乘用车企业平均燃料消耗量核算情况的公告，2016 年，96 家境内乘用车企业中，68 家企业达标，28 家企业未达标，96 家企业累计生产乘用车 2358.96 万辆，未达标企业产量占比为 19.1%；2017 年，101 家境内乘用车生产企业中，62 家企业达标，39 家企业未达标，境内乘用车生产企业累计生产乘用车 2367.46 万辆，未达标企业产量占比为 23.6%。2018 年，112 家境内乘用车生产企业，66 家企业达标，46 家企业未达标，112 家企业累计生产乘用车 2219.61 万辆，未达标企业产量占比为 45.7%。整体来看，2016 年、2017 年、2018 年全部境内乘用车生产企业的 CAFC 实际值达到了 6.39L/100km、6.00L/100km、5.74L/100km，延续了前几年平均油耗持续降低的走势。2013—2018 年五家企业平均燃料消耗量情况如图 A–4 所示。

图 A–4 2013—2018 年五家企业平均燃料消耗量情况

注：资料来源为工信部年度中国乘用车企业平均燃料消耗量核算情况公告；《中国乘用车燃料消耗量发展年度报告 2017》，iCET。

对于企业来讲，大部分企业的平均燃料消耗量也对应下降，2012 年到 2018 年下降幅度最大的国产车企业有上汽集团、广汽乘用车、北京奔驰、广汽丰田和天津一汽丰田，其中，上汽主要因 2016 年将新能源汽车纳入核算，引起 CAFC 的大幅度降低；广汽乘用车则对产品进行了结构优化；而北京奔驰、广汽丰田和天津一汽丰田等合资

企业 CAFC 降低则主要是由于产品结构的调整以及轻量化、怠速启停、先进变速器等先进技术的应用。

（七）乘用车进口经销商企业 CAFC 值仅有 1/3 的单个企业达标

2017 年，29 家进口乘用车供应企业进平均燃料消耗量实际值为 7.13L/100km，比同期境内乘用车企业的 CAFC 实际值（6.00L/100km）高出 18.8%，较 2016 年的 7.52 L/100km 降低了 5.2%，其中，达标企业有 17 家，未达标企业 12 家。

2018 年，29 家进口乘用车供应企业平均燃料消耗量实际值为 7.26L/100km，比同期境内乘用车企业的 CAFC 实际值（5.74L/100km）高出 26.5%，较 2017 年的 7.13L/100km 增加了 1.8%，其中，达标企业有 7 家，未达标企业 22 家。整体而言，2017 年和 2018 年，乘用车进口经销商企业的 CAFC 值延续了前几年的下降趋势。就企业而言，近几年 CAFC 值下降迅速的几家乘用车进口企业有：保时捷、日产、一汽进出口、斯巴鲁等（图 A-5）。

图 A-5　部分乘用车进口经销商企业近年 CAFC 值变化

注：资料来源为工信部年度中国乘用车企业平均燃料消耗量核算情况公告；《中国乘用车燃料消耗量发展年度报告 2017》，iCET。

（八）国际化发展处于起步阶段，出口销售率艰难爬坡

全球化背景下，在全球市场上的竞争力（即国际竞争力）是一国汽车产业总的竞争力的重要体现。出口销售率（即汽车出口量占汽车总产量的比例）是说明国际竞争力最明显的指标，也是描述产业技术能力的明显指标。从我国汽车整车出口情况看，历史最高水平的 2008 年也仅仅为 7.29%，不仅远低于欧美日韩等汽车发达国家 50%～70% 的水平，甚

至低于巴西和印度17%左右（2015年）的水平。尽管我国汽车产业"走出去"初见成效，2012年出口量超过100万辆，但国际化发展才刚刚起步，处于艰难爬坡的状态。2006—2018年我国汽车产量及出口量情况见表A-2。2001—2018年我国汽车出口销售率如图A-6所示。

表A-2 2006—2018年我国汽车产量及出口量情况

年份	汽车产量/辆	汽车出口量/辆	汽车出口量占比（%）
2006	7279726	343379	4.72
2007	8882456	614412	6.92
2008	9345101	681008	7.29
2009	13790994	370030	2.68
2010	18264667	566653	3.10
2011	18418876	849808	4.61
2012	19271808	1015729	5.27
2013	22116825	948549	4.29
2014	23722890	947909	3.99
2015	24503326	755467	3.08
2016	28118794	809811	2.88
2017	28675044	754719	2.63
2018	278092000	1041000	3.74

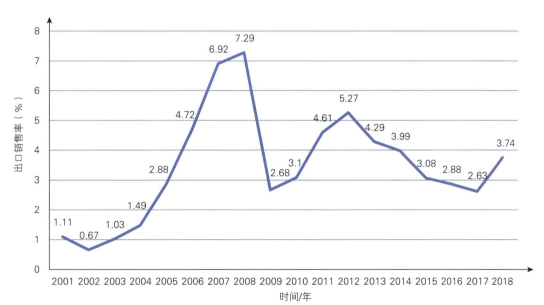

图A-6 2001—2018年我国汽车出口销售率（%）

注：资料来源为《中国汽车工业年鉴》《中国汽车工业产销快讯》、北京富欧睿、中国汽车工业协会统计信息网。

（九）纯电动汽车在新能源汽车产量中的占比进一步扩大

2018 年，新能源汽车累计产量突破 127 万辆。从车型结构看，近年纯电动汽车产量增长迅速，由 2014 年的 5.5 万辆增加到 2018 年的 98.6 万辆，比 2017 年同期增长 47.9%。2018 年，插电式混合动力汽车产量为 28.3 万辆，比 2017 年同期增长 122%。燃料电池汽车产量为 1527 辆。

纯电动汽车产量在新能源汽车中占比略有下降，由 2014 年的 64.8% 增长到 2018 年的 77.6%，提升 12.8 个百分点，比 2017 年下降 4.64 个百分点；2018 年插电式混动汽车产量增速迅猛，新能源汽车占比比 2017 年增长 4.51 个百分点，新能源汽车 2014—2018 年分类产量及占比情况见表 A-3。2014—2018 年新能源汽车分类产量及占比如图 A-7 所示。

表 A-3　新能源汽车 2014—2018 年分类产量及占比情况

车辆类型		年份				
		2014	2015	2016	2017	2018
纯电动汽车	产量/万辆	5.50	15.16	26.46	48.45	98.6
	增长（%）	286.2	175.6	74.5	83.1	103.5
	新能源汽车占比（%）	64.8	70.77	76.25	82.24	77.61
插电式混合动力汽车	产量/万辆	2.98	6.26	8.24	10.46	28.3
	增长（%）	805.8	110.1	31.6	26.9	170.6
	新能源汽车占比（%）	35.1	29.23	23.75	17.76	22.27
燃料电池汽车	产量/万辆	0.01	0	0	0	0.1527
	增长（%）	0	-100	0	0	—
	新能源汽车占比（%）	0.10	0	0	0	0.12
产量合计/万辆		8.49	21.42	34.70	58.91	127.05

图 A-7　2014—2018 年新能源汽车分类产量及占比

注：数据来源为 2014 年数据为 2017 年版技术发展报告数据，2015 年后数据来自相应年份中国汽车工业产销快讯第 1 期。

附　录

（十）中国汽车市场上市新车型智能化水平逐步提高，自主品牌 PA 级智能化整车产品已实现量产

现阶段，国内主要整车企业已开始在量产车上装备了 L1、L2 级辅助驾驶系统产品，并积极进行更高级自动驾驶汽车技术及产品的开发。长安、吉利等均已推出 L2 级量产车型，上汽、广汽等车企正在开展 L3、L4 级车型的研发和测试。整车企业的列装计划也促进了我国自主辅助驾驶系统企业的快速发展。

在整车方面，吉利、广汽、上汽等均已推出 L2 级量产车型。2018 年 5 月，吉利汽车发布具备 L2 级别自动驾驶功能的吉利博瑞 GE 车型；2018 年 11 月，广汽新能源发布了全新的 AION.S 车型，搭载了交通拥堵辅助、集成巡航、自动泊车等 L2 级自动驾驶技术；同年，上汽发布了具备高级辅助驾驶系统（ADAS）与代客泊车（AVP）功能的荣威 MARVEL X。2019 年 1—3 月，中国新车 ADAS 功能装配率如图 A–8 所示。

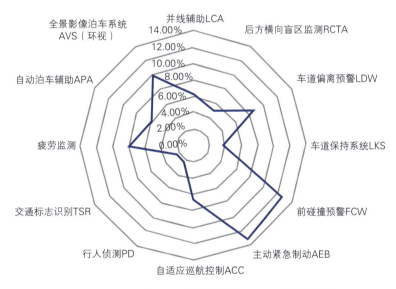

图 A–8　2019 年 1—3 月中国新车 ADAS 功能装配率

注：数据来源为佐思产研。

（十一）手机互联/车载嵌入式网联等汽车网联化功能已成为大势所趋

随着互联网与通信技术的快速发展，联网功能作为一股巨大的发展潮流，已经席卷了各行各业。车联网功能也在汽车产业引发了行业变革，渐渐充分融合进入驾乘人员的互联生活。据佐思产研统计，2018 年 1 月—2019 年 3 月，中国汽车市场新车联网功能装配率

在 30% 左右 2018 年 1 月—2019 年 3 月新车车联网装配率如图 A-9 所示。越来越多的车型搭载了车联网功能，并为用户带来了信息交互、娱乐互动、生活服务等传统汽车不曾出现过的便利功能。

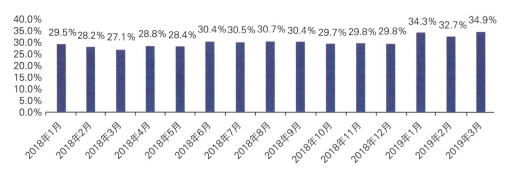

图 A-9　2018 年 1 月—2019 年 3 月新车车联网装配率

注：数据来源为佐思产研。

附录 B 专业术语英文缩写中文对照表

表 B-1 专业术语英文缩写对照表

序号	缩写	英文全称	中文
1	ABS	Antilock Brake System	制动防抱死系统
2	AMT	Automated Mechanical Transmission	电控机械式自动变速器
3	ASR	Acceleration Slip Regulation	驱动防滑控制系统
4	AT	Automatic Transmission	自动变速器
5	BSG	Belt Driven Starter/ Generator	带传动起动/发电一体化电机
6	CAE	Computer Aided Engineering	计算机辅助工程
7	CAM	Compact Modular Architecture	CAM 模块化平台
8	CFD	Computational Fluid Dynamics	计算流体动力学
9	CNG	Compressed Natural Gas	压缩天然气
10	CVT	Continuously Variable Transmission	无级变速器
11	CVVL	Continuous Variable Valve Lift	连续可变气门升程
12	DCT	Dual Clutch Transmission	双离合变速器
13	DLC	Diamond-like Carbon	类金刚石涂层
14	DMA	Dynamic Thermomechanic Analysis	动态热机械分析
15	DVVT	Dual Variable Valve Timing	进排气气门可变正时技术
16	ECU	Electronic Control Unit	电子控制单元
17	EGR	Exhaust Gas Re-circulation	废气再循环系统
18	GCI	Gasoline Compression Ignition	汽油压燃
19	GDI	Gasoline Direct Injection	汽油直喷
20	GOC	Gas Oxidation Catalyst	氧化型催化剂
21	GPF	Gasoline Particulate Filter	汽油机颗粒捕集器
22	HCCI	Homogeneous Charge Compression Ignition	均质压燃
23	HEV	Hybrid Electric Vehicle	油电混合动力汽车
24	HPDI	High Pressure Direct Injection	高压直喷
25	ICT	Information Communication Technology	在线测试仪

（续）

序号	缩写	英文全称	中文
26	LNT	Lean-NO_x Trap	NO_x 吸附还原催化转化器
27	LSPI	Low-speed Preignition	低速早燃
28	MT	Manual Transmission	手动变速器
29	NEDC	New European Driving Cycle	新欧洲行驶循环
30	NVH	Noise, Vibration, Harshness	噪声、振动与声振粗糙度
31	OBD	On-Board Diagnostics	车载自诊断系统
32	PCU	Electronic Control Unit	电子控制单元
33	PHEV	Plug-in Hybrid Electric Vehicle	插电式混合动力汽车
34	PWM	Pulse Width Modulation	脉宽调制
35	SCR	Selective Catalytic Reduction	选择性催化还原
36	SOP	State of Power	电池当前功率边界
37	TBC	Thermal Barrier Coatings	热障涂层
38	TCU	Transmission Control Unit	变速器控制单元
39	TSC	Thermal Spraying Coating	热喷涂涂层
40	TWC	Three-way Catalytic Converter	三元催化转换器
41	VVT	Variable Valve Timing	可变气门正时
42	WLTC	World-wide Harmonized Light Duty Test Cycle	全球轻型汽车测试循环
43	PA	Partial Automation	部分自动驾驶
44	CA	Conditional Automation	有条件自动驾驶
45	HA	High Automation	高度自动驾驶
46	FA	Full Automation	完全自动驾驶
47	ADAS	Advanced Driver Assistance System	高级驾驶辅助系统